Mill | Die Nützlichkeit der Religion

[Was bedeutet das alles?]

John Stuart Mill

Die Nützlichkeit der Religion

Aus dem Englischen übersetzt und herausgegeben
von Dieter Birnbacher

Reclam

RECLAMS UNIVERSAL-BIBLIOTHEK Nr. 14072
2022 Philipp Reclam jun. Verlag GmbH,
Siemensstraße 32, 71254 Ditzingen
Gestaltung: Cornelia Feyll, Friedrich Forssman
Druck und Bindung: Eberl & Koesel GmbH & Co. KG,
Am Buchweg 1, 87452 Altusried-Krugzell
Printed in Germany 2022
RECLAM, UNIVERSAL-BIBLIOTHEK und
RECLAMS UNIVERSAL-BIBLIOTHEK sind eingetragene Marken
der Philipp Reclam jun. GmbH & Co. KG, Stuttgart
ISBN 978-3-15-014072-7

Auch als E-Book erhältlich

www.reclam.de

Inhalt

Es ist des Öfteren bemerkt worden, wie viel von Freunden wie von Feinden über die Wahrheit der Religion und wie wenig – wenigstens in der Form von Diskussion und Kontroverse – über ihre Nützlichkeit geschrieben worden ist. Das ist alles andere als überraschend. Denn in Dingen, die uns tief berühren, ist die Wahrheit unser höchstes Interesse. Wenn die Religion oder irgendeine besondere Form der Religion wahr ist, dann bedarf es keines weiteren Beweises, dass sie nützlich ist. Wäre es nicht nützlich, mit Gewissheit zu erfahren, in welcher Ordnung der Dinge, unter welcher Weltregierung zu leben unsere Bestimmung ist, ließe sich nicht vorstellen, was überhaupt nützlich sein soll. Ob sich jemand an einem erfreulichen oder unerfreulichen Ort, in einem Palast oder in einem Gefängnis befindet: In jedem Fall muss es nützlich für ihn sein, zu wissen, wo er ist. Solange daher die Menschen die Lehren ihrer Religion als positive Tatsachen und als etwas ebenso Unzweifelhaftes wie ihre eigene Existenz oder die Existenz der sie umgebenden Gegenstände verstehen, konnte es ihnen nicht in den Sinn kommen, nach der Nützlichkeit des Glaubens an diese Lehren zu fragen. Die Nützlichkeit der Religion musste erst dann behauptet werden, als die Argumente für ihre Wahrheit an Überzeugungskraft weitgehend verloren hatten. Die Menschen mussten entweder aufgehört haben, zu glauben, oder aufgehört haben, sich auf den Glauben anderer zu verlassen, bevor sie sich auf diese untergeordnete Ebene der Argumentation begeben konnten – ohne sich dabei allerdings im Klaren darüber zu sein, dass sie das, was sie in ihrem Wert zu heben versuchten, damit herabsetzten. Eine Argumentation für die Nützlichkeit der Religion ist ein Appell an Ungläubige, eine wohlmeinende Heuchelei zu praktizieren, oder an Halbgläubige, ihre Blicke von dem abzukehren, was ihren schwankenden Glauben möglicherweise erschüttern könnte, oder schließlich an die Menschen im Allgemeinen, sich der Äußerung irgendwelcher Zweifel, die ihnen kommen könnten, zu enthalten; wo doch ein Gebäude von so ungeheurer Wichtigkeit für die Menschheit auf so unsicherem Boden steht, dass die Menschen, wenn sie ihm nahe kommen, ihren Atem anhalten müssen, um nicht Gefahr zu laufen, es umzublasen.

Mit der gegenwärtigen Periode der Geschichte scheinen wir allerdings an einem Zeitpunkt angelangt zu sein, an dem unter den Argumenten für und gegen die Religion diejenigen, die sich auf ihre Nützlichkeit beziehen, einen wichtigen Platz einnehmen. Wir leben in einem Zeitalter des schwachen Glaubens, einem Zeitalter, in dem der Glaube der meisten Menschen eher durch den Wunsch, zu glauben, als durch die Überzeugung, dass er auf guten Gründen beruht, bestimmt ist. Der Wunsch, zu glauben, entsteht dabei nicht nur aus eigensüchtigen, sondern oftmals aus überaus uneigennützigen Gefühlen, und obwohl er nicht mehr das unerschütterliche und vollkommene Vertrauen, wie es einst bestand, hervorzubringen vermag, umgibt er doch alles, was aus der Zeit der Erziehung übrig geblieben ist, mit einer schützenden Hülle und ist oft die Ursache dafür, dass wir direkte Zweifel nicht ins uns aufkommen lassen. Vor allem sorgt er dafür, dass die Menschen weiterhin ihr Leben in Übereinstimmung mit Lehren führen, die ihre Gewalt über die Gemüter zum Teil verloren haben, und dass sie der Welt gegenüber dieselbe, wenn nicht sogar eine noch demonstrativere Haltung behaupten, als sie sie zu der Zeit zur Schau zu tragen für nötig hielten, in der ihre persönliche Glaubensüberzeugung noch fester verwurzelt war.

Falls der religiöse Glaube für die Menschheit tatsächlich so notwendig ist, wie man es uns fortwährend versichert, ist es sicher sehr zu beklagen, dass die verstandesmäßigen Argumente, auf denen er beruht, der Unterstützung durch moralisch motivierte Bestechung und Täuschung des Verstandes bedürfen. Ein solcher Stand der Dinge ist selbst für diejenigen unbehaglich, die sich ohne eigentliche Unaufrichtigkeit als Gläubige bezeichnen können. Es ist noch schlimmer für diejenigen, die, nachdem sie mit Bewusstsein aufgehört haben, die Gründe für die Wahrheit der Religion überzeugend zu finden, sich nicht davon abhalten lassen, dies auszusprechen, um nicht dabei mitzuhelfen, der Menschheit ein nicht wiedergutzumachendes Unrecht anzutun. Es ist eine höchst peinliche Lage für einen gewissenhaften und gebildeten Geist, sich bei der Verfolgung der beiden edelsten Ziele der Menschheit, der Wahrheit und des allgemeinen Besten, nach einander entgegengesetzten Richtungen hingezogen zu sehen. Ein solcher Konflikt muss unvermeidlich eine zunehmende Gleichgültigkeit gegen das eine oder das andere dieser Ziele und höchstwahrscheinlich gegen beide nach sich ziehen. Viele, die sowohl der Wahrheit als auch der Menschheit gewaltige Dienste leisten würden, wenn sie davon ausgehen könnten, dass sie der einen ohne Schaden für die andere dienen könnten, sehen sich durch die Sorge, dass die Menschheit durch jede wahre Freiheit des philosophischen Denkens oder jede nennenswerte Stärkung und Erweiterung ihres Denkvermögens in den Unglauben und damit auf dem sichersten Weg ins Laster oder Elend getrieben wird, entweder völlig gelähmt, oder aber bewogen, ihre Bemühungen auf geringfügigere Dinge zu beschränken. Viele wiederum, die erhabene Gefühle an anderen beobachtet oder an sich selbst erfahren haben, von denen sie glauben, dass sie unmöglich einer anderen Quelle als der Religion entsprungen sein können, hegen eine aufrichtige Abneigung gegen alles, was ihrer Meinung nach geeignet ist, die Quellen solcher Gefühle zum Versiegen zu bringen. Sie verhalten sich daher entweder der Philosophie gegenüber ablehnend oder herabsetzend, oder sie geben sich mit intolerantem Eifer Formen des Philosophierens hin, in denen die Intuition an die Stelle des Beweises tritt und das innere Empfinden zum Maßstab objektiver Wahrheit gemacht wird.[1] Die gesamte im gegenwärtigen Jahrhundert herrschende Metaphysik ist ein einziges Gewebe erschlichener Beweise zugunsten der Religion; oft zwar nur des Deismus[2], in jedem Falle jedoch ein Missbrauch edler Antriebe und denkerischer Fähigkeiten, der zu den beklagenswertesten jener traurigen Vergeudungen menschlicher Kräfte gehört, die uns darüber in Erstaunen setzen, dass überhaupt noch genug übrig bleibt, um die Menschheit, wenn auch langsam, fortschreiten zu lassen. Es ist an der Zeit, unparteiischer und daher bedachtsamer, als es gewöhnlich geschieht, zu erwägen, ob all diese Anstrengungen, einen Glauben zu stützen, der zu seiner Aufrechterhaltung eines so großen Aufwands an geistiger Arbeit und Scharfsinn bedarf, einen hinreichend großen Ertrag an menschlichem Wohlergehen gewähren und ob dieser Zweck nicht eher durch das offene Zugeständnis erreicht würde, dass gewisse Dinge unserer Erkenntnis unerreichbar sind, sowie durch den Einsatz derselben geistigen Fähigkeiten zur Stärkung und Erweiterung anderer Quellen von Tugend und Glück, die ohne die Unterstützung und Sanktionierung durch übernatürliche Glaubenssätze und übernatürliche Anreize auskommen.

Auf der anderen Seite lassen sich die mit dieser Frage verbundenen Schwierigkeiten nicht so rasch aus dem Weg räumen, wie skeptische Philosophen bisweilen anzunehmen geneigt sind. Es genügt nicht, allgemein zu behaupten, dass es niemals zu einem Konflikt zwischen Wahrheit und Nützlichkeit kommen kann und dass, falls die Religion falsch ist, aus ihrer Ablehnung nur Gutes hervorgehen könne. Denn obwohl die Kenntnis jeder positiven Wahrheit etwas Nützliches ist, kann doch dieser Lehrsatz nicht ohne Vorbehalte auf negative Wahrheiten angewendet werden. Wenn die einzige erreichbare Wahrheit die ist, dass wir nichts wissen können, gewinnen wir durch diese Erkenntnis keinerlei neue Tatsache, die uns leiten könnte; bestenfalls werden wir in unserem Vertrauen auf einen früheren Wegweiser enttäuscht, der, obwohl an und für sich trügerisch, uns doch in derselben Richtung geleitet hat wie die besten uns zur Verfügung stehenden Anhaltspunkte und der, wenn er zufällig augenfälliger und lesbarer war, uns vielleicht auch dann den rechten Weg gewiesen hätte, wenn wir jene Anhaltspunkte übersehen hätten. Kurz: Es ist durchaus denkbar, dass die Religion moralisch nützlich sein kann, ohne verstandesmäßig haltbar zu sein, und es wäre ein Zeichen von großem Vorurteil bei jedem Ungläubigen, wenn er leugnen wollte, dass es Zeitalter gegeben hat und dass es noch jetzt sowohl Nationen als auch Individuen gibt, für die dies tatsächlich der Fall ist. Ob es im Allgemeinen und auch hinsichtlich der Zukunft der Fall ist: das zu untersuchen ist die Aufgabe dieser Abhandlung. Ich beabsichtige also, die Frage zu untersuchen, ob der religiöse Glaube, lediglich als Überzeugung und unabhängig von der Frage seiner Wahrheit verstanden, für die irdische Wohlfahrt der Menschheit tatsächlich unerlässlich ist, ob die Nützlichkeit des Glaubens lebensnotwendig und allgemein oder auf bestimmte Orte beschränkt, vorübergehend und in gewissem Sinn zufällig ist, und ob die Wohltaten, die er gewährt, nicht auch auf anderem Weg, ohne die weitgehende Beimischung von Übeln, mit denen diese Wohltaten selbst in den besten Fällen religiösen Glaubens behaftet sind, erlangt werden können.

Mit den Argumenten für die eine Seite der Frage sind wir hinlänglich vertraut. Religiöse Autoren haben es nicht versäumt, die Vorteile sowohl der Religion im Allgemeinen als auch ihres speziellen religiösen Glaubens nach Kräften zu feiern. Die Vertreter der entgegengesetzten Ansicht haben sich jedoch im Allgemeinen damit begnügt, auf die augenfälligeren und flagranteren unter den Übeln hinzuweisen, die der religiöse Glaube in seinen vergangenen und gegenwärtigen Formen mit sich gebracht hat. Und in der Tat sind die Menschen – von den Zeiten der Opferung der Iphigenie[3] bis zu den Dragonaden Ludwigs XIV.[4] (um nicht noch tiefer hinabzusteigen) – so unablässig bemüht gewesen, sich wechselseitig im Namen der Religion allerlei Übles zuzufügen, dass kaum Bedarf bestand, zu einem naheliegenden Zweck nach fernerliegenden Argumenten zu suchen. Diese verabscheuenswerten Folgen sind jedoch nicht der Religion an und für sich, sondern besonderen Formen der Religion zuzurechnen; sie stellen kein Argument gegen die Nützlichkeit der Religion schlechthin dar, es sei denn derjenigen Form, durch die solchen Ungeheuerlichkeiten Vorschub geleistet wird. Überdies sind die schlimmsten dieser Übel durch die verbesserten Formen der Religion weitgehend ausgerottet worden, und in dem Maße, in dem die Menschheit in ihren Ideen und Gefühlen fortschreitet, nimmt dieser Ausrottungsprozess seinen unaufhörlichen Fortgang: Die unmoralischen oder sonstwie verderblichen Konsequenzen, die aus der Religion gezogen worden sind, werden eine nach der anderen aufgegeben, und sie werden, nachdem lange um sie als um das wahre Wesen der Religion gekämpft worden ist, als Bestandteile erkannt, die sich von der Religion leicht trennen lassen. Allerdings bleiben diese Übel, nachdem ihre Zeit vorbei ist, wenn auch nicht mehr als Argumente gegen die Religion, so doch immer noch als Beweise für die weitgehende Beschränktheit ihres wohltätigen Einflusses bestehen. Sie zeigen, dass einige der größten Verbesserungen, die in den moralischen Anschauungen der Menschheit stattgefunden haben, ohne sie und trotz ihrer stattgefunden haben; und dass das, was wir, wie uns gelehrt wird, als den wesentlichsten ihrer verbessernden Einflüsse verstehen sollen, in der Praxis so weit dahinter zurückgeblieben ist, dass eine der schwersten, den übrigen guten Wirkkräften der menschlichen Natur auferlegten Aufgaben darin bestanden hat, die Religion selbst zu verbessern. Dennoch hat diese Verbesserung stattgefunden, sie macht auch jetzt noch weitere Fortschritte, und wir wollen der Billigkeit halber annehmen, sie sei vollendet. Wir wollen annehmen, die Religion habe sich die beste menschliche Moral, die Vernunft und Güte aus philosophischen, christlichen oder anderen Elementen heraus entwickeln können, zu eigen gemacht. Erst wenn sie sich von den verwerflichen Folgen, die sich aus ihrer Identifizierung mit einer schlechten Moral ergeben, befreit hat, ist der Boden bereitet für die Untersuchung, ob die nützlichen Eigenschaften, die sie besitzt, ausschließlich ihr selbst zukommen, oder ob die Wohltaten, die sie gewährt, auch ohne sie erlangt werden können.

Dieser wesentliche Teil der Untersuchung, die Untersuchung der weltlichen Nützlichkeit der Religion, ist der Gegenstand des vorliegenden Essays. Es ist dies ein Thema, das von skeptischen Autoren bisher nur wenig behandelt worden ist. Die einzige mir bekannte Erörterung, die unmittelbar diesem Thema gewidmet ist, findet sich in einer kurzen, angeblich teilweise aus Manuskripten Benthams[5] zusammengestellten Abhandlung*, die voller treffender und tiefschürfender Bemerkungen ist, die aber, wie mir scheint, in ihrer Argumentation vielfach zu weit geht. Diese Abhandlung und die beiläufigen Bemerkungen, die sich über die Schriften Comtes[7] verstreut finden, sind die einzigen mir bekannten Quellen, aus denen für die skeptische Seite der Argumentation etwas herangezogen werden kann, das dem Gegenstand einigermaßen gerecht wird. Von beiden werde ich im Lauf dieser Abhandlung großzügig Gebrauch machen.

Die Untersuchung zerfällt in zwei Teile, entsprechend den beiden Seiten des Gegenstandes, der sozialen und der individuellen. Was tut die Religion für die Gesellschaft,

* *Analysis of the Influence of Natural Religion on the Temporal Happiness of Mankind*, von Philip Beauchamp[6].

und was tut sie für das Individuum? Von welchem Nutzen ist der religiöse Glaube für die sozialen Interessen im üblichen Sinne des Wortes, und wie viel Einfluss hat er auf die Verbesserung und Veredelung der individuellen menschlichen Natur?

Die erste Frage ist für jedermann interessant, die letztere nur für die Besten. Für die Besten aber ist die letztere, sofern überhaupt ein Unterschied für sie besteht, die wichtigere von beiden. Ich werde mit der ersten beginnen, da sie am ehesten dazu geeignet ist, ohne Mühe zu einer präzisen Entscheidung gebracht zu werden.

Sprechen wir also zuerst vom religiösen Glauben als einem Instrument zur Beförderung des gesellschaftlichen Besten. Zunächst haben wir hier eine gemeinhin übersehene Unterscheidung zu treffen: Es ist üblich, der Religion als solcher die gesamte Macht zuzuschreiben, die einem System moralischer Pflichten innewohnt, das durch Erziehung eingepflanzt und durch die öffentliche Meinung in Geltung gesetzt wird. Zweifellos wäre die Menschheit in einem beklagenswerten Zustand, wenn keinerlei Prinzipien oder Lehrsätze der Gerechtigkeit, der Wahrhaftigkeit, der Wohltätigkeit öffentlich oder privat gelehrt würden und wenn nicht durch Lob und Tadel, durch die günstige und ungünstige Meinung der Menschen diese Tugenden ermutigt und die ihnen entgegengesetzten Laster unterdrückt würden. Und da fast alles, was in dieser Hinsicht geschieht, im Namen der Religion geschieht; da fast allen, die in der Moral unterwiesen werden, diese Unterweisung als ein Teil der Religion und das ganze Leben hindurch hauptsächlich in dieser Eigenschaft eingeprägt wird, nimmt man an, dass die Wirkung, die diese Unterweisung hervorbringt, eine religiöse Wirkung ist, und man schreibt der Religion den gesamten Einfluss auf das menschliche Leben zu, der einem allgemein akzeptierten System von Regeln zur Leitung und Lenkung des menschlichen Lebens zukommt.

Nur wenige haben sich hinreichend Gedanken darüber gemacht, wie groß dieser Einfluss ist und eine wie ungeheure Wirkung von jeder Lehre, die mit einiger Übereinstimmung als wahr angenommen und der Seele von frühester Jugend an als Pflicht eingeprägt wird, notwendigerweise ausgehen muss. Ein wenig Nachdenken wird uns, meine ich, zu dem Schluss führen, dass es dies ist, von dem die große moralische Gewalt auf das menschliche Leben ausgeht, und dass uns die Religion nur deshalb so mächtig erscheint, weil die gewaltige Macht der Moral unter ihrer Herrschaft gestanden hat.

Man betrachte zunächst den ungeheuren Einfluss der Autorität auf die menschliche Seele. Ich meine damit zunächst den unwillkürlichen Einfluss, die Wirkung auf die Denkweise der Menschen, auf ihre unwillkürlichen Meinungen und Gefühle. Autorität ist der Beweis, auf den hin die Masse der Menschen alles glaubt, von dem man ihnen sagt, dass sie es wissen, ausgenommen die Tatsachen, mit denen sie mittels ihrer eigenen Sinne Bekanntschaft gemacht haben. Sie ist der Beweis, auf den hin selbst die Weisesten alle Wahrheiten der Wissenschaft und Tatsachen der Geschichte oder des Lebens als wahr annehmen, deren Beweise sie nicht persönlich geprüft haben. Für die ungeheure Mehrzahl der Menschen ist die allgemeine Übereinstimmung der Menschheit übermächtig. Was ihnen auf diese Weise als gewiss übermittelt wird, glauben sie mit einer Bereitwilligkeit und Festigkeit, die sie nicht einmal dem, was sie mit ihren eigenen Sinnen wahrnehmen, entgegenbringen, sofern dies zur allgemeinen Meinung der Menschheit im Gegensatz steht. Sobald daher eine Lebensregel oder ein Pflichtprinzip, unabhängig davon, ob sie auf Religion gegründet ist oder nicht, in einer augenfälligen Weise allgemeine Zustimmung findet, setzt sie sich in den Überzeugungen des Individuums stärker fest, als wenn es aufgrund seiner eigenen Verstandeskräfte dazu gelangt wäre. Wenn Novalis – durchaus nicht ohne Sinn – sagen konnte: »Mein Glaube hat von dem Augenblick an, wo ein anderes menschliches Wesen angefangen hat, dasselbe zu glauben, unendlich an Festigkeit für mich gewonnen«[8], wie viel mehr muss das der Fall sein, wenn es sich nicht nur um *eine* andere Person, sondern um alle Menschen handelt, von denen man weiß. Einige werden hier vielleicht einwenden, dass es kein System der Moral gibt, das sich dieser allgemeinen Zustimmung erfreut, und dass deshalb kein Moralsystem seine Macht aus dieser allgemeinen Zustimmung herleiten kann. Soweit sich diese Behauptung auf das gegenwärtige Zeitalter bezieht, ist sie richtig und stützt das Argument, dem sie auf den ersten Blick zu widerstreiten scheint. Denn genau in dem Maße, in dem die hergebrachten Glaubenssätze bestritten worden sind und es bekannt geworden ist, dass es viele gibt, die mit ihnen nicht übereinstimmen, hat ihre Macht über die allgemeine Meinung und ihr praktischer Einfluss auf das Verhalten der Menschen abgenommen. Und da sie dieses Schicksal ganz unabhängig von den religiösen Sanktionen, die mit ihnen verknüpft waren, erlitten haben, kann es keinen stärkeren Beweis dafür geben, dass sie ihre Macht nicht als Teil der Religion, sondern als allgemein von der Menschheit akzeptierte Überzeugungen besaßen. Menschen, die an ihre Religion so fest glauben wie der, der glaubt, dass Feuer seine Hand verbrennen wird, wenn er sie hineinsteckt, finden wir nur in jenen orientalischen Ländern, in denen die Europäer noch nicht in der Mehrheit sind, bzw. in der europäischen Welt zu der Zeit, als sie noch ausnahmslos katholisch war. Auch in jenen Zeiten waren die Menschen oft ungehorsam gegen die Gebote ihrer Religion, entweder aus dem Grund, weil ihre menschlichen Leidenschaften und Begierden für diese zu stark waren, oder deshalb, weil die Religion selbst Nachsicht gegen die Übertretung ihrer Gebote übte. Doch waren sie auch ungehorsam, so wagten sie doch in den meisten Fällen nicht zu zweifeln. Es bestand in jenen Tagen ein absoluter und über jeden Zweifel erhabener Glaube, wie er seitdem in Europa nicht wieder allgemein geherrscht hat.

So viel über die Herrschaft, die die Autorität, der bloße Glaube und das Zeugnis der Mitmenschen über die Menschheit ausübt. Betrachten wir nun die ungeheure Macht der Erziehung. Wie überwältigend groß ist der Einfluss, unter dem Menschen stehen, wenn sie von frühester Kindheit an in einem Glauben und in darauf gegründeten Gewohnheiten aufwachsen. Man bedenke auch, dass in allen Ländern und von den frühesten Zeiten bis in die Gegenwart nicht nur diejenigen, die im engeren Sinne die Gebildeten heißen, sondern alle oder fast alle, die von ihren Eltern oder von anderen, die sich um sie gekümmert haben, erzogen worden sind, von ihrer frühesten Jugend an in irgendeiner Art religiösen Glaubens und in gewissen Lehren als den für sie und die Menschheit geltenden Geboten der himmlischen Mächte unterwiesen worden sind.

Und da nicht anzunehmen ist, dass die Gebote Gottes für kleine Kinder irgendetwas anderes sind als die Gebote ihrer Eltern, muss man vernünftigerweise davon ausgehen, dass ein System sozialer Pflichten, das sich die Menschheit aneignen möchte, auch unabhängig von der Religion mit demselben Erfolg von Kindheit auf eingepflanzt werden könnte und in Zukunft darin noch viel erfolgreicher als irgendeine gegenwärtige Lehre sein würde, da die Gesellschaft gegenwärtig bedeutend eher dazu bereit ist, sich die moralische Erziehung jener zahlenmäßig großen Klassen angelegen sein zu lassen, deren Erziehung bisher weitgehend dem Zufall überlassen worden ist. Nun ist es aber für die Eindrücke der frühesten Erziehung charakteristisch, dass von ihnen das ausgeht, was für spätere Überzeugungen so viel schwerer zu erlangen ist: Herrschaft über die Gefühle. Täglich sehen wir, wie gewaltig die Macht dieser ersten Eindrücke selbst über die Gefühle derer ist, die die ihnen frühzeitig beigebrachten Ansichten aufgegeben haben; während es andererseits nur bei Menschen von viel größerer natürlicher Empfänglichkeit und einem viel schärferen Verstand als gemeinhin üblich vorkommt, dass sich ihre Gefühle mit ähnlicher Intensität an Auffassungen heften, die sie sich aufgrund eigener Forschungen im späteren Leben angeeignet haben; und selbst wenn sie dies tun, dürfen wir mit gutem Recht sagen, dass sie es deshalb tun, weil das starke moralische Pflichtgefühl, der Ernst, der Mut und die Hingabe, die sie dazu befähigt haben, ihrerseits wiederum die Früchte früher Eindrücke sind. Die Macht der Erziehung ist nahezu grenzenlos.[9] Es gibt keine natürliche Neigung, die sie nicht stark genug wäre einzuschränken, und, wenn erforderlich, durch Entwöhnung zum Verschwinden zu bringen. An dem größten von der Geschichte überlieferten Sieg, den Erziehung über eine ganze Reihe von natürlichen Neigungen in einem großen Volk errungen hat, an der jahrhundertelangen Aufrechterhaltung der Institutionen des Lykurg[10], hatte die Religion, wenn überhaupt, nur einen sehr geringen Anteil; denn die Götter der Spartaner waren dieselben wie die anderer griechischer Staaten. Und wenn auch zweifellos jeder griechische Staat glaubte, dass seine besondere Verfassung bei seiner Gründung eine Art göttlicher Sanktion (zumeist die des delphischen Orakels[11]) erhalten hatte, fand er doch selten Schwierigkeiten darin, dieselbe oder eine ebenso mächtige Sanktion für eine Veränderung zu erlangen. Nicht die Religion machte die Stärke der spartanischen Institutionen aus, sondern das System wurzelte in der Hingabe an Sparta, an das Ideal des Landes oder des Staates – eine Hingabe, die, erweitert zu einer idealen Hingabe an eine noch umfassendere Nation, die ganze Welt, dasselbe und noch Größeres leisten würde. Bei den Griechen war die soziale Moral im Allgemeinen von der Religion weitgehend unabhängig. Es bestand bei ihnen eher das umgekehrte Verhältnis: Die Anbetung der Götter wurde wesentlich als eine soziale Pflicht eingeprägt, insofern man annahm, dass, wenn die Götter vernachlässigt oder beleidigt würden, sie ihren Zorn weniger das Individuum als den Staat oder die Gemeinde spüren lassen würden, die es erzogen oder geduldet hatten. Auch die moralische Unterweisung, wie sie in Griechenland bestand, hatte mit der Religion wenig zu tun. Man nahm nicht an, dass die Götter sich viel um das Verhalten der Menschen untereinander kümmerten, es sei denn, die Menschen hätten es geschafft, die Götter in ihre Angelegenheiten hineinzuziehen, indem sie eine Behauptung oder eine Verpflichtung durch Eid oder Gelübde unter die Sanktion einer feierlichen Anrufung der Götter gestellt hatten. Ich gebe zu, dass Sophisten[12] und Philosophen und selbst populäre Redner ihr Bestes taten, die Religion in den Dienst ihrer speziellen Zwecke zu stellen und die Menschen glauben zu machen, dass die Meinungen und Gefühle, die sie ihnen einzupflanzen bemüht waren, den Göttern besonders genehm seien; aber das scheint doch nur in jenen Fällen die Haupterwägung gewesen zu sein, in denen es um Beleidigungen der Würde der Götter selbst ging. Zur Einschärfung rein menschlicher Moralvorschriften verließ man sich fast ausschließlich auf weltliche Sanktionen. Griechenland ist meiner Meinung nach das einzige Beispiel eines Landes, das den unaussprechlichen Vorteil gehabt hat, eine andere als religiöse Unterweisung zur Basis der Erziehung zu haben, und obwohl sich viel gegen die Qualität des einen oder anderen Teils dieser Unterweisung einwenden lässt, lässt sich doch äußerst wenig gegen ihre Wirksamkeit sagen. Das denkwürdigste Beispiel für die Macht der Erziehung über das menschliche Verhalten bietet, wie ich bereits erwähnte, eben dieser exzeptionelle Fall; und er macht eine starke Stütze für die Vermutung aus, dass in anderen Fällen frühzeitige religiöse Unterweisung ihre Gewalt über die Menschheit mehr ihrer Frühzeitigkeit als ihrem religiösen Charakter verdankt.

Wir haben nunmehr zwei Mächte betrachtet – die der Autorität und die der frühen Erziehung –, die beide vermittels des unwillkürlichen Glaubens, der Gefühle und Wünsche der Menschen ihren Einfluss ausüben und die die

Religion bisher als ihr fast ausschließliches Anhängsel angesehen hat. Betrachten wir nun eine dritte Macht, die unmittelbar auf die Handlungen der Menschen wirkt, unabhängig davon, ob ihre unwillkürlichen Empfindungen dabei ins Spiel kommen oder nicht. Ich meine die Macht der öffentlichen Meinung, des Lobs und des Tadels, der Gunst und der Ungunst unserer Mitmenschen – eine Quelle der Stärke für jedes allgemein angenommene System moralischer Überzeugungen, ob sie mit der Religion verknüpft ist oder nicht.

Die Menschen sind so sehr gewohnt, den Motiven, die ihre Handlungen bestimmen, schmeichelhaftere Namen zu geben, als ihnen billigerweise zustehen, dass sie meist gar nicht wissen, wie sehr die Verhaltensweisen, auf die sie am meisten stolz sind (wie auch einige, deren sie sich schämen), vom Motiv der öffentlichen Meinung bestimmt sind. Natürlich gebietet die öffentliche Meinung in den meisten Fällen dasselbe, was die vorherrschende Sozialmoral gebietet, da ja diese Moral nichts anderes als die Gesamtheit jener Verhaltensweisen ist, von denen jeder einzelne, unabhängig davon, ob er selbst diese Moral strikt beachtet oder nicht, wünscht, dass sie von anderen ihm gegenüber beachtet werden. Die Menschen schmeicheln sich daher gern mit dem Glauben, dass sie aus Gewissensgründen handeln, wenn sie aus Gehorsam gegen das niedrigere Motiv Dinge tun, die ihr Gewissen billigt. Wir sehen fortwährend, wie groß die Macht der öffentlichen Meinung ist, wenn sie zum Gewissen im Widerspruch steht, wie die Menschen »der Menge folgen zum Bösen«[13], wie die öffentliche Meinung sie verleitet, zu tun, was ihr Gewissen missbilligt, und noch öfter sie daran hindert, zu tun, was es gebietet. Doch angenommen, dass das Motiv der öffentlichen Meinung in derselben Richtung wirkt wie das Gewissen – was in den meisten Fällen natürlicherweise der Fall ist, da das Gewissen gewöhnlich ursprünglich nichts als ein Produkt der öffentlichen Meinung ist –, ist es von allen Motiven, die auf die Masse der Menschen einwirken, das mit Abstand mächtigste.

Die Namen für alle starken Leidenschaften, die sich in der menschlichen Natur manifestieren (mit Ausnahme der rein animalischen), sind Namen für Teile desjenigen Motivs, das sich aus dem herleitet, was ich hier öffentliche Meinung nenne. Die Ruhmsucht, die Freude, gelobt zu werden, das Streben nach Anerkennung, der Wunsch, sich geachtet und geehrt zu sehen, und selbst noch das Verlangen nach Mitgefühl sind nichts als Teile der Anziehungskraft der öffentlichen Meinung. Eitelkeit ist eine tadelnde Bezeichnung für die Anziehungskraft der öffentlichen Meinung im Allgemeinen, sofern sie als übermäßig beurteilt wird. Die Furcht vor Schande, die Angst vor einem schlechten Ruf, vor Unbeliebtheit oder Hass, sind die unmittelbaren und einfachen Formen ihrer Abschreckungsgewalt. Doch besteht die Abschreckungsgewalt der ungünstigen Gesinnungen unserer Mitmenschen nicht allein in der Peinlichkeit des Bewusstseins, Gegenstand dieser Gesinnungen zu sein, sondern sie umfasst alle Sanktionen, die diese über uns verhängen können, nämlich den Ausschluss vom gesellschaftlichen Umgang und den unzähligen guten Diensten, die die Menschen voneinander verlangen, das Verwirken alles dessen, was Erfolg im Leben genannt wird, oftmals eine erhebliche Verminderung oder den gänzlichen Verlust des zum Leben Notwendigen, schließlich auch ausgesprochen schlimme Dienste verschiedener Art, die das Leben ins Elend stürzen können und in einigen Gesellschaftszuständen einer Verfolgung bis zum Tod gleichkommen. Schließlich umfasst der anziehende und motivierende Einfluss der öffentlichen Meinung auch das gesamte Gebiet dessen, was wir gemeinhin Ehrgeiz nennen; denn außer in Zeiten gesetzloser militärischer Gewaltherrschaft lassen sich die Ziele des sozialen Ehrgeizes nur vermittels der guten Meinung und der günstigen Stimmung unserer Mitmenschen erreichen, und in neun von zehn Fällen würden diese Ziele nicht einmal als besonders wünschenswert erscheinen, wäre es nicht um der Macht willen, die sie über die Gesinnungen der Menschen verleihen. Selbst das Vergnügen der Selbstzufriedenheit hängt in der Mehrzahl der Fälle ganz wesentlich von der Meinung der anderen ab. So gewaltig ist der unwillkürliche Einfluss der öffentlichen Meinung auf das gewöhnliche Gemüt, dass Menschen sich schon über das Durchschnittsmaß erheben müssen, um sicher sein zu können, dass sie im Recht sind, wenn die Welt, d. h. *ihre* Welt, sie im Unrecht glaubt; und für die meisten Menschen gibt es keinen eindeutigeren Beweis für ihre Tugenden oder Talente, als dass die Menschen im Allgemeinen an diese zu glauben scheinen. In allen Gebieten menschlicher Betätigung ist die Rücksicht auf die Gesinnung unserer Mitmenschen in der einen oder anderen Weise bei fast allen Charakteren das durchgängige Motiv. Und wir sollten nicht vergessen, dass dieses Motiv von Natur aus am stärksten bei den empfindsamsten Naturen ist, die das vielversprechendste Material für die Entwicklung großer Tugenden darstellen.

Wie weit die Macht dieses Motivs reicht, dafür liegt eine zu reiche Erfahrung vor, als dass es hier noch eines weiteren Beweises oder einer Illustration bedürfte. Hat der Mensch einmal die Mittel zu seiner Existenz erworben, ist der bei weitem größte Teil der Arbeit und Mühen, die er auf Erden auf sich nimmt, darauf gerichtet, die Achtung und die günstige Meinung der anderen Menschen zu gewinnen – darauf, dass sie zu uns empor- und keinesfalls auf uns herabsehen. Sowohl die Industrie und der Handel (die die Zivilisation befördern) als auch die Frivolität, die Verschwendung und das egoistische Streben nach Machterweiterung (die sie hemmen) fließen aus dieser selben Quelle. Es ist bekannt – um ein Beispiel für die Macht, die von der Furcht vor der öffentlichen Meinung ausgeht, anzuführen –, wie viele Morde begangen worden sind, nur um einen Zeugen zu beseitigen, der um ein Geheimnis, das Schande über den Mörder gebracht haben würde, wusste und von dem zu erwarten war, dass er es enthüllen würde.

Jeder, der die Sache gerecht und unparteiisch angeht, wird die Annahme berechtigt finden, dass die großen Wirkungen auf das menschliche Verhalten, die gemeinhin direkt der Religion entnommenen Motiven zugeschrieben werden, zumeist als ihre nächste Quelle den Einfluss der öffentlichen Meinung haben. Die Religion ist mächtig gewesen nicht durch ihre innere Kraft, sondern weil sie jene gewaltigere Macht in ihren Dienst genommen hat. Die Religion hat einen ungeheuren Einfluss auf die Richtung der öffentlichen Meinung ausgeübt, und in vielen höchst wichtigen Hinsichten ist diese ganz und gar durch sie bestimmt worden. Doch abgesehen von dieser speziellen, durch die öffentliche Meinung erteilten Sanktion haben ihre eigenen Sanktionen niemals einen besonders starken Einfluss gehabt, es sei denn bei außergewöhnlichen Charakteren oder in besonderen Stimmungen, nachdem die Zeiten vorüber waren, in denen man glaubte, dass diesseitige Strafen und Belohnungen unmittelbar durch göttliche Fügung verhängt und erteilt würden. Als die Menschen noch fest daran glaubten, dass dann, wenn sie die Heiligkeit einer geweihten Stätte verletzten, sie auf der Stelle tot zu Boden sinken oder plötzlich von tödlicher Krankheit befallen würden, hüteten sie sich zweifellos davor, sich dieser Strafe auszusetzen. Sobald aber nur ein Einziger den Mut hatte, der Gefahr zu trotzen, und straflos davonkam, war der Zauber gebrochen. Wenn je ein Volk darin unterwiesen worden ist, dass es unter göttlicher Regierung steht und dass Untreue gegen seine Religion und sein Gesetz von oben mit weltlicher Strafe heimgesucht werden würde, dann die Juden. Und doch war ihre Geschichte nichts als eine Reihe von Rückfällen ins Heidentum. Ihre Propheten und Geschichtsschreiber, die an den alten Glaubenssätzen festhielten (obgleich sie diesen eine so freie Auslegung gaben, dass sie es für eine hinreichende Kundgebung des göttlichen Zorns gegen einen König hielten, wenn seinem Urenkel ein Unglück geschah), wurden niemals müde, sich darüber zu beklagen, dass ihre Landsleute taub gegen ihre Weissagungen seien. Daher konnten sie in ihrem Glauben, dass die göttliche Regierung mit weltlichen Strafen zu Werke geht, auch nicht – wie es der Vater Mirabeaus[14] ohne einen solchen Glauben am Vorabend der Französischen Revolution tun konnte – *la culbute générale*[15] als etwas völlig Überraschendes erleben; eine Weissagung im Übrigen, die (zum Glück für ihren Kredit als Propheten) tatsächlich eintrat, anders als die Prophezeiung des Apostels Johannes, der in der einzigen verständlichen Weissagung in seiner Offenbarung der Sieben-Hügel-Stadt ein Schicksal gleich dem Ninives und Babylons voraussagte,[16] eine Weissagung, die bis auf den heutigen Tag unerfüllt geblieben ist. Zweifellos hat die Überzeugung, die sich mit zunehmender Erfahrung allen außer den ganz Unwissenden aufdrängte, nämlich dass göttliche Strafen nicht mit Sicherheit in weltlicher Form erwartet werden dürfen, viel zum Sturz der alten Religionen und zu der allgemeinen Annahme einer Religion beigetragen, die, ohne eine Einflussnahme der Vorsehung in diesem Leben zur Bestrafung von Schuld und zur Belohnung von Verdiensten ganz auszuschließen, den Hauptschauplatz göttlicher Vergeltung in eine Welt nach dem Tode verlegte. Doch sind Belohnungen und Strafen, seien sie auch unendlich ewig, die so weit hinausgerückt sind und für die kein Augenzeuge existiert, nicht dazu geeignet, auf gewöhnliche Gemüter, wenn sie starken Versuchungen ausgesetzt sind, einen sonderlich mächtigen Einfluss auszuüben.[17] Allein schon ihre Ferne schränkt ihre Wirkung bei denen, die der einschränkenden Gewalt der Strafe am meisten bedürfen, massiv ein. Noch stärker wird ihre Wirkung eingeschränkt durch die Ungewissheit, die ihnen der Natur der Sache nach anhaftet. Denn Belohnungen und Strafen, die nach dem Tode erteilt und verhängt werden, können nicht nach bestimmten Handlungen, sondern nur nach einem Überblick über das gesamte Leben eines Menschen bemessen sein, und der Mensch überredet sich leicht, zu glauben, dass, was immer seine kleinen Sünden gewesen sein mögen, schließlich doch ein Überschuss zu seinen Gunsten herauskommt. Alle positiven Religionen unterstützen diese Selbsttäuschung. Schlechte Religionen lehren, man könne sich von der göttlichen Rache durch Opfer oder Bußübungen freikaufen; bessere Religionen legen, um die Sünder nicht der Verzweiflung zu überlassen, so großes Gewicht auf die göttliche Gnade, dass sich kaum ein Mensch für unabwendbar verdammt zu halten braucht. Die einzige Seite dieser Strafen, die darauf berechnet scheinen könnte, ihnen zur Wirksamkeit zu verhelfen, nämlich ihre überwältigende Größe, ist ihrerseits wiederum ein Grund dafür, dass niemand (mit Ausnahme vielleicht des einen oder anderen Hypochonders) tatsächlich glaubt, dass er ernstlich in Gefahr schwebt, diesen Strafen unterworfen zu werden. Selbst der schlimmste Übeltäter ist schwerlich imstande, zu glauben, dass er durch ein Verbrechen, das zu begehen in seiner Macht gelegen hat, oder durch ein Übel, das er während der kurzen Dauer dieses Lebens einem anderen zugefügt hat, Qualen von ewiger Dauer verdient haben könnte. Dem entspricht, dass religiöse Schriftsteller und Prediger nicht müde werden, zu beklagen, eine wie geringe Wirkung religiöse Motive auf das Leben und das Verhalten der Menschen haben, ungeachtet der gewaltigen Strafen, die sie androhen.

Bentham, den ich bereits als einen der wenigen Autoren erwähnt habe, die etwas den Kern der Sache tatsächlich Treffendes über die Wirksamkeit der religiösen Sanktion gesagt haben, führt mehrere Fälle zum Beweis dafür an, dass rein religiöse Pflichten, solange sie nicht durch die öffentliche Meinung verstärkt werden, allenfalls eine geringe Wirkung auf das Verhalten der Menschen haben.[18] Sein erstes Beispiel ist das der Eide. Alle Eide vor Gericht sowie alle anderen Eide, auf deren gewissenhafte Befolgung die Gesellschaft hält, werden angesichts der großen ihnen zukommenden Wichtigkeit als tatsächliche und bindende Verpflichtungen verstanden. Doch werden Universitätseide[19] und Eide vor Zollbehörden, obgleich sie vom religiösen Gesichtspunkt aus gesehen ebenso verpflichtend wären, in der Praxis selbst von ansonsten ehrenwerten Männern in eklatanter Weise gebrochen. Der Universitätseid auf die Befolgung der Statuten wird seit Jahrhunderten unter allgemeiner Zustimmung für nichtig erachtet, und im Zollhaus geschieht es täglich (oder pflegte zumindest täglich zu geschehen), dass gänzlich falsche Angaben ohne Erröten unter Eid von Leuten gemacht wurden, die alle gewöhnlichen Verpflichtungen des Lebens ebenso gewissenhaft einhalten wie andere. Die Erklärung dafür liegt, nach Bentham, darin, dass Wahrhaftigkeit in diesen Dingen kein Gebot der öffentlichen Meinung war. Der zweite Fall, den Bentham anführt, ist der des Duells, einer in England inzwischen veralteten, aber in verschiedenen anderen christlichen Ländern noch in voller Blüte stehenden Sitte, deren Sündhaftigkeit von fast allen anerkannt und zugestanden wird, die sich nichtsdestoweniger, um der öffentlichen Meinung zu Willen zu sein und persönlicher Demütigung zu entgehen, dieser Sünde schuldig machen. Der dritte Fall ist der des unerlaubten Geschlechtsverkehrs. Dieser gilt bei beiden Geschlechtern als eine der größten Sünden gegen die Religion. Dennoch haben die Männer, da diese Sünde von der öffentlichen Meinung für das männliche Geschlecht nicht besonders streng verurteilt wird, im Allgemeinen sehr geringe Skrupel, diese Sünde zu begehen, während die Frauen, obgleich die religiöse Verpflichtung für sie nicht stärker ist, dieser Verpflichtung doch gewöhnlich nachkommen, da sie durch die öffentliche Meinung entscheidend unterstützt wird.

Ohne Zweifel lässt sich manches gegen Benthams Beispiele einwenden, wenn man sie im strengen Sinne als Probe auf die Macht der religiösen Sanktion verstehen will. Man könnte etwa einwenden, dass die Menschen in allen diesen Fällen nicht tatsächlich glauben, dass Gott sie strenger bestrafen wird als die Menschen. Und diese Behauptung ist unzweifelhaft richtig für den Fall der Universitäts- und anderen Eide, die gewöhnlich ohne jede Absicht, sie zu halten, geschworen werden. Der Eid wird in diesen Fällen als eine reine Formalität verstanden, die hinsichtlich der Gottheit keine eigentliche Bedeutung hat, und selbst der gewissenhafteste Mensch wird, selbst wenn er sich vorwirft, einen Eid geschworen zu haben, von dem niemand glaubt, dass er gehalten werden muss, doch von seinem Gewissen keines Meineids, sondern nur der Entweihung einer Zeremonie für schuldig gehalten. Dies also ist kein gutes Beispiel dafür, dass die religiösen Motive, wenn sie vom Motiv der öffentlichen Meinung getrennt auftreten, nur von sehr schwachem Einfluss sind. Dieses Beispiel illustriert vielmehr die Tendenz des einen Motivs, mit dem anderen Hand in Hand zu gehen, so dass da, wo die Strafen der öffentlichen Meinung aufhören, auch das religiöse Motiv zu existieren aufhört. Dieser kritische Einwand trifft jedoch Benthams andere Beispiele, das Duellieren und die sexuelle Ausschweifung, nicht. Diejenigen, die diese Handlungen begehen, die Erstere auf Geheiß der öffentlichen Meinung, die Letztere unter ihrer Duldung, glauben in den meisten Fällen tatsächlich, dass sie Gott erzürnen. Zweifellos aber glauben sie nicht, ihn dadurch in einem solchen Maß zu erzürnen, dass sie ihr Seelenheil ernstlich gefährdeten. Ihr Vertrauen auf seine Gnade ist stärker als ihre Furcht vor seinem Zorn, was wiederum ein Beleg für die Richtigkeit der bereits oben gemachten Bemerkung ist, dass die unvermeidliche Ungewissheit religiöser Strafen ihre Abschreckungskraft erheblich mindert. Wenn sie selbst noch bei Handlungen, die die Meinung der Menschen verurteilt, ein ausgesprochen schwaches Motiv sind – wie viel mehr noch bei solchen, gegen die sie Nachsicht übt. Von dem, was die Menschen für verzeihlich halten, glauben sie fast nie, dass Gott es streng verurteilen wird – zumindest die nicht, die in sich die Neigung spüren, es zu begehen.

Es fällt mir keinen Augenblick ein, zu leugnen, dass es Gemütszustände gibt, in denen die Vorstellung einer religiösen Strafe überwältigend wirkt. Bei Hypochondern und bei denen, deren Gedanken und Einbildungskraft infolge großer Enttäuschungen oder anderer psychischer Ursachen eine gewohnheitsmäßig melancholische Färbung angenommen haben, führt diese Vorstellung, indem sie mit der bereits bestehenden Gemütsverfassung zusammenfällt, zu Bildern, die sehr wohl dazu geeignet sind, den unglücklichen Dulder in den Wahnsinn zu treiben. Oft gewinnen diese Ideen während eines vorübergehenden Zustands der Niedergeschlagenheit eine solche Macht über das Gemüt, dass sie den Charakter auf Dauer prägen; und hierin besteht in der Regel das, was in der Sprache der Sekten »Bekehrung« heißt. Doch wenn der Zustand der Niedergeschlagenheit nach der Bekehrung aufhört, wie es gewöhnlich der Fall ist, und der Konvertit[20] nicht erneut in seinen alten Zustand zurückfällt, sondern in seiner neuen Lebensweise verharrt, zeigt sich der Hauptunterschied zwischen diesem und dem alten Zustand gewöhnlich darin, dass der Betreffende sein Leben ebenso nunmehr nach der Meinung seiner Glaubensgenossen regelt, wie er es früher nach der der profanen Welt getan hatte. Jedenfalls gibt es einen klaren Beweis dafür, wie wenig die Menschen im Allgemeinen, unabhängig davon, ob sie religiös oder weltlich gesinnt sind, in Wahrheit ewige Strafen fürchten: Je näher der Tod rückt, wo die Strafen, die bisher in weiter Ferne lagen (was ihnen so viel von ihrer Wirkung nahm), in allernächste Nähe gerückt scheinen, finden sich fast alle Menschen, die sich nicht eines furchtbaren Verbrechens schuldig gemacht haben (und selbst die, die sich eines solchen Verbrechens schuldig gemacht haben), von keinerlei Sorge hinsichtlich ihrer Aussichten in einer anderen Welt behelligt und glauben sich keinen einzigen Augenblick lang von einer ewigen Bestrafung als einer tatsächlichen Gefahr bedroht.

Was die grausamen Todesarten und körperlichen Martern betrifft, die Bekenner eines Glaubens und Märtyrer so oft um der Religion willen erlitten haben, so möchte ich ihr Verdienst nicht herabsetzen und ihren bewundernswerten Mut und ihre Festigkeit auch nur zum geringsten Teil dem Einfluss menschlicher Meinung zuschreiben. Die menschliche Meinung hat sich zwar als fähig erwiesen, eine ganz ähnliche Festigkeit bei Menschen hervorzubringen, die sich ansonsten keineswegs durch moralische Vortrefflichkeit auszeichneten, wie z. B. bei den nordamerikanischen Indianern am Marterpfahl.[21] Doch wenn es nicht der Gedanke an den Ruhm in den Augen ihrer Glaubensgenossen war, was diese heroischen Dulder im Todeskampf aufrechthielt, so glaube ich doch ebenso wenig, dass es, allgemein gesprochen, der Gedanke an die Freuden des Himmels oder an die Qualen der Hölle war. Was sie trieb, war vielmehr eine göttliche Begeisterung, eine selbstvergessene Hingegebenheit, eine Idee, ein Enthusiasmus, der keineswegs ausschließlich der Religion eigentümlich ist, sondern den zu inspirieren das Privileg jeder großen Sache ist. Ein solcher Enthusiasmus ist wenigen kritischen Momenten des Lebens vorbehalten und gehört nicht in die Sphäre des gewöhnlichen Wirkens der menschlichen Motive. Es kann deshalb aus ihm auch nicht auf etwas geschlossen werden, das die Wirksamkeit der religiösen oder anderen Vorstellungen, denen er entsprungen ist, in der Überwindung gewöhnlicher Versuchungen und in der Regelung des täglichen Lebens betrifft.

Wir dürfen damit die eine Seite unseres Themas, die doch wohl am Ende die untergeordnete ist, als erledigt betrachten. Von allem, was die Religion zu sein beansprucht, ist ihr Wert als eine Ergänzung der menschlichen Gesetze, eine Art von Polizei, eine Unterstützung für den Diebesfänger und den Scharfrichter nicht dasjenige, auf das die edler Gesinnten unter ihren Verehrern den höchsten Wert legen; und sie würden wahrscheinlich bereitwillig zugeben, dass, wenn man auf die edleren Dienste der Religion für die Seele verzichten könnte, man für ein so grobes und egoistisches soziales Instrument wie die Furcht vor der Hölle leicht Ersatz finden würde. Nach ihrer Auffassung bedürfen vielmehr gerade die besten Menschen der Religion zur Vervollkommnung ihres eigenen Charakters, auch wenn die schlechtesten vielleicht ohne ihre Hilfe in Schranken gehalten werden können.

Doch selbst aus sozialer Perspektive gesehen – in seiner erhabensten Auffassung – behaupten diese edleren Geister im Allgemeinen die Notwendigkeit der Religion als Belehrungs-, wenn nicht als Einschärfungsmittel der sozialen Moral. Sie behaupten, dass nur die Religion uns lehren könne, was Moral sei; dass jede von der Menschheit jemals anerkannte hochstehende Moral von der Religion gelernt worden sei; dass die größten nicht inspirierten Philosophen auch in ihren höchsten Höhenflügen weit hinter der christlichen Moral zurückgeblieben seien und dass sie, zu welcher niedriger stehenden Moral sie (wie viele meinen, mit Hilfe dunkler, den jüdischen Religionsbüchern oder einer Uroffenbarung entnommenen Traditionen) gelangt sind, sie doch nie die große Masse ihrer Mitbürger dazu hätten bestimmen können, diese von ihnen anzunehmen; dass die Menschen eine Moral im Allgemeinen nur dann annehmen, wenn sie glauben, dass sie von den Göttern stammt, und nur dann sich um sie scharen und ihre Durchsetzung mit menschlichen Sanktionen erzwingen; und dass selbst dann, wenn man zugeben wollte, dass menschliche Motive ausreichen, die Befolgung der Regel sicherzustellen, wir doch die Regel selbst ohne die religiöse Vorstellung nicht haben würden.

Viele von diesen Behauptungen haben, aus historischer Perspektive gesehen, durchaus ihre Berechtigung. Die Völker der Vergangenheit haben im Allgemeinen, wenn nicht sogar immer, ihre Moral, ihre Gesetze, ihre Überzeugungen und selbst ihre praktischen Künste, kurz: alles, was dazu diente, sie zu leiten oder zu disziplinieren, als von den höheren Mächten offenbart übernommen und hätten anders schwerlich dazu bewogen werden können, sie anzunehmen. Zum Teil war dies der Wirkung ihrer Befürchtungen und Hoffnungen hinsichtlich jener Mächte zuzuschreiben, die in früheren Zeiten eine viel größere und weitreichendere Gewalt besaßen, da man noch in den täglichen Ereignissen des Lebens ein Wirken der Götter sah und die Erfahrung noch nicht die festen Gesetze hatte erkennen lassen, nach denen die Naturerscheinungen aufeinanderfolgen. Hinzu kam, unabhängig von ihren persönlichen Befürchtungen und Hoffnungen, dass die unwillkürliche Ehrfurcht, die diese rohen Gemüter vor den ihnen überlegenen Mächten empfanden, und die Neigung, von Wesen von übermenschlicher Macht anzunehmen, sie müssten auch ein übermenschliches Wissen und eine übermenschliche Weisheit besitzen, in ihnen – ohne jedes eigennützige Interesse – den Wunsch entstehen ließ, ihr Verhalten den mutmaßlichen Neigungen dieser mächtigen Wesen anzupassen und sich keine neue Handlungsweise ohne ihre von sich aus erteilte oder erbetene und erlangte Einwilligung zu eigen zu machen.

Folgt aber daraus, dass die Menschen, als sie noch Wilde waren, keine moralische oder wissenschaftliche Wahrheit angenommen haben würden, wenn sie nicht geglaubt hätten, sie sei ihnen auf übernatürliche Weise zugekommen, dass sie jetzt an einer moralischen Wahrheit weniger als an einer wissenschaftlichen festhalten würden, weil sie meinen, sie seien keiner höheren Quelle als weisen und edelgesinnten menschlichen Herzen entsprungen? Sind nicht moralische Wahrheiten in ihrer inneren Überzeugungskraft stark genug, um von den Menschen in allen Lebensumständen festgehalten zu werden, nachdem sie sie einmal angenommen haben? Ich gebe zu, dass einige der Lehren Christi, wie sie in den Evangelien dargelegt sind (und sich weit über den Paulinischen Glauben[22], der die Grundlage des üblichen Christentums ist, erheben), die Moral in einigen Beziehungen auf eine höhere Stufe gehoben haben, als sie je zuvor erreicht worden ist – mögen auch die Meditationen des Marc Aurel, von denen wir sicher annehmen können, dass sie dem Christentum nichts entlehnt haben, sich vielem, selbst von dem, was man für jenen Lehren eigentümlich hält, an die Seite stellen lassen.[23] Dieser Schatz, wie hoch er immer zu bewerten ist, ist ein für alle Mal erworben; die Menschheit hat es in ihren Besitz genommen. Er ist das Eigentum der Menschheit geworden und kann nicht anders wieder verloren gehen als durch den Rückfall in die ursprüngliche Barbarei. Das »neue Gebot«**, einander zu lieben;[26] die Anerkennung, dass diejenigen die Größten sind, die dienen, und nicht die, denen andere dienen; die Ehrfurcht vor den Schwachen und Niedrigen, die die Grundlage der Ritterlichkeit ist, indem die Schwachen und nicht die Starken als diejenigen bezeichnet werden, die bei Gott den ersten Platz einnehmen und das höchste Recht auf die Dienste ihrer Mitmenschen haben; die in der Parabel vom Barmherzigen Samariter[27] enthaltene Moral; die des Wortes »Wer unter euch ohne Sünde ist, der werfe den ersten Stein«[28]; die Vorschrift, dass wir tun sollen, wie wir wollen, dass man uns tun soll,[29] und andere edle moralische Lehren, wie sie sich mit einigen poetischen Übertrei-

** Das jedoch nicht eigentlich ein *neues* Gebot ist. Die Gerechtigkeit gegenüber dem großen jüdischen Gesetzgeber gebietet uns, der Tatsache eingedenk zu bleiben, dass die Vorschrift »Liebe deinen Nächsten wie dich selbst« bereits im *Pentateuch*[24] stand, und es ist in der Tat sehr überraschend, es dort zu finden[25].

bungen und einigen Maximen, deren eigentlicher Zweck schwer zu bestimmen ist, vermischt in den authentischen Reden Jesu von Nazareth finden, stehen sicherlich zu sehr in Einklang mit dem Denken und Fühlen jedes guten Menschen, um in Gefahr zu geraten, fallen gelassen zu werden, nachdem sie einmal als das Credo[30] des besten und fortgeschrittensten Teils der Menschheit anerkannt sind. Was die Befolgung dieser Lehren anbelangt, so wird sie noch lange Zeit mangelhaft bleiben, wie sie es immer gewesen ist. Dass sie aber vergessen werden oder aufhören könnten, auf das menschliche Gewissen einzuwirken, solange sich die Menschen in einem kultivierten oder zivilisierten Zustand befinden, kann ein für alle Mal als unmöglich bezeichnet werden.

Auf der anderen Seite ergibt sich daraus, dass man den angenommenen Maximen der Moral einen übernatürlichen Ursprung zuschreibt, ein ernstzunehmendes Übel. Der übernatürliche Ursprung heiligt sie als Ganzes und bewahrt sie vor Diskussion und Kritik. Die Folge davon ist, dass für den Fall, dass sich unter den als Teil der Religion überkommenen moralischen Lehren einige finden, die unvollkommen sind – die entweder von vornherein falsch oder nicht angemessen begrenzt oder ausgedrückt waren, oder die, wenn auch ursprünglich nichts gegen sie einzuwenden war, nicht mehr zu den in den menschlichen Beziehungen inzwischen eingetretenen Veränderungen passen (und es ist meine feste Überzeugung, dass sich in der sogenannten christlichen Moral Beispiele beider Arten finden) –, diese Lehren als für das Gewissen ebenso bindend verstanden werden wie die edelsten, überzeitlichsten und universellsten Lehren Christi. Wo immer der Moral ein übernatürlicher Ursprung zugeschrieben wird, wird sie stereotyp – wie es, aus denselben Gründen, das Gesetz unter den Gläubigen des Korans geworden ist.

Der Glaube an das Übernatürliche kann daher, wie groß die Dienste auch sein mögen, die er in den frühen Stadien der menschlichen Entwicklung geleistet hat, nicht mehr für erforderlich gehalten werden, um uns ein Wissen von dem, was vom Standpunkt der sozialen Moral aus Recht und Unrecht ist, zu ermöglichen oder um uns Motive an die Hand zu geben, Recht zu tun und uns des Unrechts zu enthalten. Ein solcher Glaube ist daher für soziale Zwecke nicht notwendig, zumindest aus der noch groben Sichtweise, für die diese Zwecke vom Charakter des einzelnen Individuums abtrennbar erscheinen. Inwiefern jener Glaube aus einem höheren Gesichtspunkt als für soziale Zwecke erforderlich erscheinen könnte, bleibt noch zu erwägen. Sollte der Glaube an das Übernatürliche tatsächlich für die Vervollkommnung des individuellen Charakters notwendig sein, ist er auch notwendig für die höchste Vollkommenheit im sozialen Verhalten – und zwar notwendig in einem weit höheren Sinne als jenem vulgären, der diesen Glauben in den Augen der Menge zu einer wichtigen Stütze der Moral macht.

Wenden wir uns nun dem zu, was in der Natur des Menschen ihn nach einer Religion verlangen lässt, welche Bedürfnisse des menschlichen Gemüts sie befriedigt und welche menschlichen Eigenschaften sie entwickelt. Sind wir uns einmal hierüber klar geworden, werden wir besser beurteilen können, inwiefern diese Bedürfnisse auch auf andere Weise befriedigt und jene oder ihnen gleichkommende Eigenschaften durch andere Mittel entwickelt und vervollkommnet werden können.

Das alte Wort »Primus in orbe deos fecit timor«[31] halte ich für unwahr oder zumindest nur zum kleinsten Teil für wahr. Der Glaube an Götter hat nach meiner Auffassung selbst bei den rohesten Gemütern einen respektableren Ursprung. Die Universalität dieses Glaubens ist sehr vernünftig durch die spontane Tendenz des Gemüts erklärt worden, ein ähnliches Leben und Wollen, wie es selbst empfindet, allen natürlichen Gegenständen und Erscheinungen zuzuschreiben, die sich aus eigenem Antrieb zu bewegen scheinen. Das war eine plausible Vorstellung, der zunächst keine bessere Theorie gegenüberstand. Auf dieser Vorstellung beharrte man natürlicherweise so lange, wie die Bewegungen und Tätigkeiten dieser Gegenstände willkürlich zu sein und auf keine andere Weise als durch die freie Wahl der höchsten Macht erklärbar schienen. Zunächst hielt man diese Gegenstände wohl selbst für lebendig, und dieser Glaube besteht noch heute bei den afrikanischen Fetischanbetern. Aber da es bald als absurd erscheinen musste, dass Dinge, die so viel mehr vermochten als der Mensch, nicht dasselbe tun konnten oder wollten, was der Mensch tut, z. B. sprechen, ging man zu der Annahme über, dass der den Sinnen gegenwärtige Gegenstand leblos, dafür aber das Geschöpf und das Werkzeug eines unsichtbaren Wesens von ähnlicher Gestalt und ähnlichen Organen wie die menschlichen sei.

Hatte man aber erst einmal angefangen, an diese Wesen zu glauben, stellte sich die Furcht vor ihnen als notwendige Folge ein. Denn immerhin schrieb man ihnen die Macht zu, nach ihrem Belieben über menschliche Wesen große

Übel hereinbrechen zu lassen, die die Betroffenen weder abzuwenden noch vorauszusehen vermochten, deren Abwendung und Voraussicht sie vielmehr durch Bitten von den Gottheiten zu erwirken versuchen mussten. Es ist daher durchaus richtig, dass die Furcht eine große Rolle in der Religion spielte; doch offensichtlich ging der Glaube an die Götter der Furcht voraus, anstatt aus ihr hervorzugehen, wenn auch die Furcht, nachdem sie sich einmal eingestellt hatte, zu einer starken Stütze des Glaubens wurde, da nichts als eine größere Beleidigung der Gottheiten galt als der geringste Zweifel an ihrer Existenz.

Es ist unnötig, die Naturgeschichte der Religion weiter zu verfolgen, da wir uns hier nicht mit der Erklärung ihres Ursprungs in rohen Geistern, sondern ihrer Fortdauer in gebildeten Geistern zu beschäftigen haben. Eine hinreichende Erklärung für diese Fortdauer ist meiner Meinung nach die enge Begrenztheit des menschlichen Wissens und die Grenzenlosigkeit des menschlichen Verlangens nach Wissen. Das menschliche Dasein ist allseits in Geheimnis gehüllt; die enge Sphäre unserer Erfahrung ist eine kleine Insel inmitten eines unbegrenzten Meeres, das durch seine Weite und Dunkelheit unsere Gefühle mit Ehrfurcht erfüllt und unsere Einbildungskraft herausfordert. Das Geheimnis wird noch geheimnisvoller dadurch, dass das Gebiet unseres irdischen Daseins nicht nur eine Insel in einem unendlichen Raum, sondern auch eine Insel in einer unendlichen Zeit ist. Vergangenheit und Zukunft sind uns gleichermaßen verhüllt; wir kennen weder den Ursprung von allem, was ist, noch seine schließliche Bestimmung. Wenn wir das tiefe Verlangen danach empfinden, zu wissen, dass es Myriaden von Welten in einer unermesslichen und für unsere Vorstellungskraft unfassbaren räumlichen Entfernung gibt; wenn wir bestrebt sind, das wenige, was unserer Wahrnehmung zugänglich ist, von diesen Welten zu erforschen; und wenn wir, so wenig wir auch wissen können, was sie sind, doch nicht müde werden, darüber zu spekulieren, was sie wohl sein könnten: Muss es da nicht von unendlich größerem Interesse für uns sein, zu erfahren oder auch nur Vermutungen darüber anzustellen, woher diese nähere Welt, die wir bewohnen, kommt, welche Ursache oder Kraft sie zu dem gemacht hat, was sie ist, und von welchen Mächten ihr zukünftiges Schicksal abhängt? Wer sollte nach solcher Erkenntnis nicht ein stärkeres Verlangen haben als nach jeder anderen möglichen Erkenntnis, solange auch nur die geringste Hoffnung besteht, sie zu erlangen? Was würde man nicht für eine einzige glaubhafte Nachricht aus jener geheimnisvollen Region geben, den kleinsten Einblick, der etwas Helligkeit in ihr Dunkel bringen würde, und besonders für eine Theorie von ihr, an die wir glauben könnten und die sie uns von einem wohlwollenden und nicht von einem feindlichen Einfluss beherrscht darstellte! Da wir jedoch in diese Region nur mit der Einbildungskraft, unterstützt von bestechenden, aber jeder Beweiskraft entbehrenden, vom menschlichen Handeln und Planen hergenommenen Analogien eindringen können, hat die Phantasie freies Spiel, die Lücken mit Gebilden auszufüllen, zu denen sie die meiste Affinität besitzt – erhabenen und erhebenden, wenn sie zu den Sternen aufschaut,[32] niedrigen und gemeinen, wenn sie am Boden klebt.

Religion und Poesie[33] wenden sich – zumindest in einer Beziehung – an dieselbe Seite der menschlichen Natur und befriedigen beide dasselbe Bedürfnis: das Bedürfnis nach idealen Vorstellungen, die größer und schöner sind, als wir sie in der Prosa des menschlichen Lebens verwirklicht finden. Anders als die Poesie ist die Religion das Produkt der Sehnsucht, zu erfahren, ob diesen Vorstellungen der Einbildungskraft eine Wirklichkeit in einer anderen Welt als der unsrigen entspricht. In diesem Zustand ergreift das Gemüt nur allzu begierig jede angebliche Kunde von anderen Welten, besonders wenn sie von Personen stammt, denen das Gemüt eine höhere Weisheit als sich selbst beilegt. Der Dichtung vom Übernatürlichen tritt somit ein positiver Glaube und eine Erwartung an die Seite, die unpoetische Geister mit den poetischen teilen können. Der Glaube an einen Gott oder an Götter und an ein Leben nach dem Tode wird die Leinwand, die jeder Geist je nach seinen Fähigkeiten mit idealen Bildern, wie er sie entweder erfinden oder kopieren kann, ausmalt.[34] In jenem anderen Leben hofft jeder das Gute zu finden, oder das Bessere, das er sich nach dem Guten, das er auf der Erde teilweise gesehen und erfahren hat, vorstellt. Insbesondere liefert dieser Glaube zarteren Geistern den Stoff zu Vorstellungen von Wesen, die gewaltiger sind, als sie sie auf der Erde gekannt haben können, und vortrefflicher, als sie sie wahrscheinlich gekannt haben. Solange es das menschliche Leben nicht vermag, das menschliche Streben zu befriedigen, so lange wird es eine Sehnsucht nach etwas Höherem geben, die ihre unmittelbarste Befriedigung in der Religion findet. Solange das irdische Leben voll von Leiden ist, solange wird es ein Bedürfnis nach dem Trost geben, den die Hoffnung auf das Himmelreich dem Egoistischen und die Liebe Gottes dem zarter Empfindenden und Dankbaren gewährt.

Der Wert, den die Religion für das Individuum in Vergangenheit und Gegenwart als Quelle persönlicher Befriedigung und erhabener Gefühle gehabt hat, ist von daher unbestreitbar. Es bleibt allerdings zu erwägen, ob es, um dieses Gut zu erlangen, notwendig ist, die Grenzen der von uns bewohnten Welt zu überschreiten, und ob nicht die Idealisierung unseres irdischen Lebens und die Ausbildung einer hohen Vorstellung dessen, was daraus gemacht werden könnte, ebenso imstande wären, eine Poesie und im besten Sinne des Wortes eine Religion zu schaffen, die ebenso gut wie der Glaube an unsichtbare Mächte geeignet wäre, die Gefühle zu erheben, und – bei gleicher Unterstützung durch die Erziehung – sogar noch besser geeignet wäre, das menschliche Handeln zu läutern.

Bei dem bloßen Gedanken an eine solche Möglichkeit werden viele ihre Stimme erheben und sagen, dass die kurze Dauer, die Geringfügigkeit und Bedeutungslosigkeit des Lebens – sofern es nicht über das hinaus, was wir davon sehen, fortdauert – es unmöglich machen, dass sich große und erhabene Gefühle an etwas, das auf eine so kleine Sphäre beschränkt ist, knüpfen können und dass eine solche Lebensauffassung nichts Höherem entsprechen könne als epikureischen Anschauungen und der epikureischen Lehre »Lasst uns essen und trinken, denn morgen sind wir tot!«[35]

Zweifellos ist die epikureische Maxime unter gewissen Einschränkungen durchaus vernünftig und auf weitaus höhere Dinge anwendbar als auf Essen und Trinken. Aus der Gegenwart für alle guten Zwecke, die des Genusses nicht ausgeschlossen, möglichst viel zu machen, die Neigungen zu zügeln, die zu einem ungebührlichen Opfer eines gegenwärtigen Guten für eine vielleicht niemals eintretende Zukunft führen, die Gewohnheit zu pflegen, lieber aus uns erreichbaren Dingen als aus der zu eifrigen Verfolgung entfernter Dinge Genuss zu ziehen, jede Zeit für verschwendet zu halten, die man nicht entweder mit persönlichem Vergnügen oder mit dem Tun von Dingen zubringt, die einem selbst oder anderen nützlich sind: Alles dies sind weise Maximen, und die Lehre des »carpe diem«[36] ist in dieser Anwendung eine vernünftige und berechtigte Konsequenz aus der Kürze des Lebens. Dass wir uns jedoch deshalb, weil das Leben kurz ist, um nichts sorgen sollten, was jenseits des Lebens liegt, ist kein berechtigter Schluss, und die Annahme, dass die Menschen im Allgemeinen nicht fähig seien, ein hohes und selbst höchstes Interesse für Dinge zu empfinden, die sie nie mit Augen sehen werden, ist eine ebenso falsche wie elende Ansicht der menschlichen Natur. Man vergesse nicht, dass, wenn auch das Leben des Einzelnen kurz ist, das Leben der menschlichen Gattung als Ganzer es keineswegs ist. Seine unbestimmte Dauer kommt praktisch der Unbegrenztheit gleich, und in Verbindung mit einer unbestimmten Fähigkeit zur Vervollkommnung bietet es der Einbildungskraft und der Sympathie ein hinreichend weites Feld, um jedem vernünftigen Anspruch auf erhabene Ziele zu genügen. Mag auch ein solches Feld einem Geist, der an Träume von unendlicher und ewiger Glückseligkeit gewöhnt ist, eng begrenzt erscheinen, so wird es doch ganz andere Dimensionen gewinnen, wenn jene grundlosen Phantasien erst einmal der Vergangenheit angehören.

Auch denke man nicht, dass nur die an Geist und Herz Bedeutendsten unserer Gattung dazu imstande sind, ihre

Gefühle mit dem Leben des ganzen Menschengeschlechts zu identifizieren. Zwar setzt diese edle Fähigkeit eine gewisse Bildung voraus. Diese braucht allerdings nicht größer zu sein als diejenige, die allen zuteil werden könnte und die mit dem Fortschritt der menschlichen Vervollkommnung gewiss auch allen zuteil werden wird. Bedeutend geringere Ziele, die in derselben Weise auf die Grenzen der Erde, wenn auch nicht auf die eines einzelnen Lebens beschränkt waren, haben ausgereicht, große Massen und viele aufeinanderfolgende Generationen zu inspirieren, einen beherrschenden Einfluss auf ihr Handeln zu nehmen und ihrem ganzen Leben eine bestimmte Färbung zu verleihen. Rom war für das ganze römische Volk viele Generationen hindurch ebenso sehr eine Religion, wie es Jehova[37] für die Juden war – ja, in einem noch viel höheren Grade, da die Römer niemals, wie es die Juden taten, von ihrem Glauben abfielen. Und die Römer, ansonsten ein selbstsüchtiges Volk ohne besondere Fähigkeiten außer den rein praktischen, schöpften nichtsdestoweniger aus dieser Idee eine gewisse Seelengröße, die sich in ihrer ganzen Geschichte, wo immer es um diese Idee geht, und sonst nirgends, manifestiert und ihnen die große und in anderen Beziehungen durchaus unverdiente Bewunderung eingetragen hat, die hochgesinnte Menschen seit jener Zeit bis auf den heutigen Tag für sie empfinden.

Wenn wir bedenken, ein wie glühendes Gefühl unter günstigen Erziehungsverhältnissen die Vaterlandsliebe geworden ist, dürfen wir es nicht für unmöglich halten, dass die Liebe zu jenem großen Lande, nämlich der Welt, sowohl als Quelle erhabener Gefühle als auch als Grundsatz der Pflicht zu ähnlicher Intensität gesteigert werden könnte. Wer darüber – über das hinaus, was der gesamte Verlauf der alten Geschichte zeigt – belehrt werden muss, der lese Ciceros *De officiis*.[38] Man kann nicht behaupten, dass der in dieser berühmten Abhandlung aufgestellte Maßstab der Moral ein sehr hoher sei. Nach unseren Vorstellungen ist dieser Maßstab in vielen Punkten ungebührlich lax und lässt zu viele Kapitulationen des Gewissens zu. Doch gibt es in der Pflicht gegen das Vaterland nach Cicero keinen Kompromiss. Dass jemand, der auch nur den bescheidensten Anspruch auf Tugend erhebt, zögern könnte, Leben, Ruf, Familie, alles, was ihm wert ist, für das Vaterland zu opfern, ist ein Gedanke, den dieser herausragende Übermittler der griechischen und römischen Moral nicht einen Augenblick lang zu fassen vermag. Wenn aber Menschen – was, wie wir sehen, der Fall war – dazu erzogen werden konnten, nicht nur in der Theorie zu glauben, dass das Wohl ihres Vaterlands etwas sei, hinter dem alles andere zurückstehen muss, sondern dies auch in der Praxis als die große Pflicht ihres Lebens zu empfinden, können sie auch dahin gebracht werden, dieselbe absolute Verpflichtung gegenüber dem allgemeinen Besten zu empfinden. Eine auf weitsichtige und weise Anschauungen vom allgemeinen Besten gegründete Moral, die weder den Einzelnen der Gesamtheit noch die Gesamtheit dem Einzelnen opfert, sondern sowohl der Pflicht auf der einen als auch der Freiheit und Spontaneität auf der anderen Seite ihr eigenes Gebiet anweist, würde ihre Macht in den höheren Naturen aus Sympathie, Wohlwollen und dem begeisterten Streben nach idealer Vollkommenheit schöpfen, in geringeren Naturen aus denselben, nach dem Maß ihrer Fähigkeiten entwickelten Gefühlen, zu denen noch das Gefühl der Scham hinzukommen würde. Diese hohe Moral bedürfte, um zur Geltung zu gelangen, keiner Hoffnung auf Lohn. Der Lohn, der erwartet werden könnte und an den zu denken ein Trost im Leiden und eine Stütze in Augenblicken der Schwäche wäre, würde nicht in einem problematischen künftigen Dasein bestehen, sondern in der bereits in diesem Leben zu erlangenden Zustimmung all derer, die wir achten, und – in idealem Sinne – all derer, die wir, seien sie lebend oder tot, bewundern oder verehren. Denn der Gedanke, dass unsere verstorbenen Eltern oder Freunde unser Verhalten gebilligt haben würden, ist ein kaum weniger mächtiges Motiv als das Bewusstsein, dass die Lebenden unter den uns Nahestehenden es billigen, und der Gedanke, dass Sokrates oder Howard[39] oder Washington[40] oder Marc Aurel[41] oder Christus mit uns sympathisiert haben würden oder dass wir versuchen, unseren Platz im Leben in dem Sinne auszufüllen, wie sie den ihrigen ausfüllten, hat auf die besten Menschen als starker Antrieb gewirkt, den höchsten Gefühlen und Überzeugungen dieser Männer nachzuleben.

Diese Gefühle unter Ausschluss jeder anderen Bezeichnung mit dem Ausdruck ›Moral‹ zu belegen, heißt, zu wenig für sie in Anspruch zu nehmen. Sie sind vielmehr eine ganze Religion; und die äußeren guten Werke (das höchste, was man gemeinhin unter Moral versteht) sind nur, wie bei anderen Religionen auch, ein Teil und in der Tat mehr die Frucht der Religion als diese selbst. Das Wesen der Religion ist die starke und ernsthafte Ausrichtung unserer inneren Regungen und Wünsche auf einen idealen Gegenstand, dem die höchste Vollkommenheit zuerkannt wird und der mit Recht über allen Gegenständen unserer selbstsüchtigen Wünsche steht. Diese Bedingungen werden durch die Religion der Menschheit[42] jedoch in ebenso hohem Maß und in ebenso hohem Sinn erfüllt wie durch die übernatürlichen Religionen selbst in ihren besten und weit besser als in ihren übrigen Erscheinungsformen.[43]

Es ließe sich noch sehr viel über diesen Gegenstand sagen. Das Gesagte dürfte jedoch genügen, um jeden zu überzeugen, der zwischen den innewohnenden Fähigkeiten der menschlichen Natur und den Formen, in denen sich diese Fähigkeiten zufälligerweise historisch entwickelt haben, zu unterscheiden weiß, dass das Gefühl der untrennbaren Zusammengehörigkeit mit der Menschheit und ein tiefes Gefühl für das allgemeine Beste zu einer Empfindung und einem Prinzip entwickelt werden können, die fähig sind, alle wichtigen Funktionen der Religion zu erfüllen, und berechtigt, mit demselben Namen belegt zu werden. Und ich behaupte, dass dieses Prinzip nicht nur imstande wäre, dieselben Funktionen zu erfüllen, sondern dass es sie sogar besser erfüllen würde als irgendeine Form der Religion des Übernatürlichen. Dies wird nicht nur berechtigterweise eine Religion genannt, es ist auch eine bessere Religion als alle, die gewöhnlich so genannt werden.

Denn erstens ist sie uneigennützig. Sie entreißt die Gedanken und Gefühle dem eigenen Selbst und richtet sie auf ein der Selbstsucht entrücktes Ziel, das als Selbstzweck geliebt und erstrebt wird. Die Religionen, die sich mit Versprechungen und Drohungen hinsichtlich eines künftigen Lebens befassen, tun genau das Gegenteil: Sie fesseln die Gedanken an die eigenen Interessen der Person nach dem Tode; sie bringen sie in Versuchung, die Erfüllung ihrer Pflichten gegenüber anderen hauptsächlich als ein Mittel zur Sicherung ihres persönlichen Seelenheils zu verstehen, und bilden damit eines der ernstesten Hindernisse für die Erreichung des großen Endzwecks, nämlich der Stärkung des uneigennützigen und der Schwächung des eigennützigen Elements in unserer Natur, indem sie der Phantasie Gutes und Böses im eigensüchtigen Interesse in so ungeheurer Größe darbieten, dass es für jeden, der tatsächlich an sie glaubt, schwer ist, Gefühl oder Interesse für einen anderen ferneren und idealen Zweck übrig zu behalten. Zwar haben viele der uneigennützigsten Menschen an das Übernatürliche in der Religion geglaubt, weil sie das Hauptgewicht nicht auf die Drohungen und Versprechungen ihrer Religion, sondern auf die Idee eines Wesens gelegt haben, zu dem sie mit vertrauender Liebe aufblickten und in dessen Hände sie bereitwillig alles legten, was sie selber betraf. Doch wirkt das, was gegenwärtig mit dem Namen Religion verbunden wird, bei gewöhnlichen Gemütern hauptsächlich durch die Regungen der Selbstsucht. Selbst der Christus der Evangelien bedient sich des direkten Versprechens einer himmlischen Belohnung als eines Hauptanreizes für das edle und schöne Wohlwollen gegenüber unseren Mitmenschen, das er so eindringlich predigt.[44] Dies ist ein entschiedener Mangel der besten übernatürlichen Religionen im Vergleich mit der Religion der Menschheit. Denn das Höchste, was die Moral im Hinblick auf die Verbesserung der menschlichen Natur leisten kann, besteht darin, die Gefühle der Uneigennützigkeit in der einzigen Weise zu kultivieren, in der ein tätiges Prinzip in der menschlichen Natur wirksam kultiviert werden kann, nämlich durch eine zur Gewohnheit werdende Übung. Wenn es aber zur Gewohnheit wird, in einem anderen Leben eine Belohnung für unser Verhalten in diesem zu erwarten, verliert selbst noch die Tugend ihren Charakter einer Übung uneigennütziger Regungen.

Zweitens wird der Wert der alten Religionen als Mittel zur Läuterung und Verbesserung des menschlichen Charakters dadurch massiv gemindert, dass noch ihre besten moralischen Wirkungen eine gewisse Stumpfheit oder gar Verkehrtheit in den geistigen Fähigkeiten zur Voraussetzung haben. Denn es ist unmöglich, dass jemand, der zu denken gewohnt ist und unfähig, seinen forschenden Geist durch Sophistereien abzustumpfen, bedenkenlos bereit sein sollte, dem Urheber und Lenker einer so plump gemachten und so launenhaft regierten Schöpfung, wie es dieser Planet und das Leben seiner Bewohner sind, absolute Vollkommenheit zuzuschreiben. Die Anbetung eines solchen Wesens kann nur dann von ganzem Herzen erfolgen, wenn dieses Herz zuvor zur Aufgabe seiner natürlichen Urteilskraft überredet worden ist. Die Anbetung muss entweder durch Zweifel getrübt und gelegentlich vollkommen verdunkelt werden, oder die moralischen Gefühle müssen auf das niedrige Niveau der Befolgung der Gebote der Natur abgesunken sein – der Anbetende muss gelernt haben, blinde Parteilichkeit, brutale Grausamkeit und rücksichtslose Ungerechtigkeit nicht als Makel an einem Gegenstand der Anbetung zu verstehen, da sich alles dies in den gewöhnlichsten Naturerscheinungen im Übermaß findet.[45] Zwar ist der Gott, der angebetet wird, allgemein gesprochen nicht nur der Gott der Natur, sondern auch der Gott einer Offenbarung, und der Charakter dieser Offenbarung wird die moralischen Einflüsse der Religion erheblich modifizieren und vielleicht verbessern. Dies gilt in besonderem Maße vom Christentum, da der Urheber der Bergpredigt[46] gewiss ein viel wohlwollenderes Wesen ist als der Urheber der Natur. Unglücklicherweise jedoch ist der an die christliche Offenbarung Glaubende zu der Annahme genötigt, dass die Urheber beider ein und dasselbe Wesen sind. Und das bringt ihn, sofern er nicht seinen Geist entschlossen von diesem Gegenstand ablenkt oder sich darauf einlässt, sein Gewissen durch Sophismen[47] zu beruhigen, in eine endlose moralische Verwirrung, da die Wege, die seine Gottheit in der Natur einschlägt, von den Lehren der – wie er glaubt – identischen Gottheit, wie er sie in den Evangelien findet, völlig verschieden sind. Nur der wird ohne größeren moralischen Schaden aus diesem Zwiespalt herauskommen, der ganz auf den Versuch verzichtet, die beiden Maßstäbe miteinander in Einklang zu bringen, und sich sagt, dass die Zwecke der Vorsehung mysteriös sind, dass ihre Wege nicht unsere Wege sind,[48] dass ihre Gerechtigkeit und Güte nicht die Gerechtigkeit und Güte sind, die wir zu fassen vermögen und die wir in unserem Leben zu üben haben. Ist es aber so, dass der Gläubige so empfindet, so ist die Anbetung der Gottheit nicht mehr die Verehrung der abstrakten moralischen Vollkommenheit. Sie ist die Verbeugung vor einem gigantischen Bild von etwas, das nicht geeignet ist, von uns nachgeahmt zu werden. Sie ist nichts anderes als die Anbetung der Macht.

Ich will hier nichts über die moralischen Schwierigkeiten und Widersinnigkeiten sagen, die mit der Offenbarung an und für sich untrennbar verknüpft sind – auch wenn selbst im Christentum der Evangelien, zumindest seiner gewöhnlichen Auslegung nach, einige so eklatante Widersinnigkeiten vorkommen, dass sie geeignet sind, fast die ganze Schönheit, Güte und moralische Größe, die die Lehren und den Charakter Christi auszeichnen, aufzuwiegen, z. B. dass ein Wesen anbetungswürdig sei, das nicht nur eine Hölle, sondern unendliche Generationen von Menschen in der Gewissheit erschaffen konnte, dass es sie für genau dieses Schicksal erschafft.[49] Gibt es eine moralische Ungeheuerlichkeit, die sich nicht durch die Nachahmung einer solchen Gottheit rechtfertigen ließe? Und ist es möglich, eine solche Gottheit ohne eine entsetzliche Verdrehung des Maßstabs von Recht und Unrecht anzubeten? Jede andere Verhöhnung der einfachsten Gerechtigkeit und Humanität, die mit der gewöhnlichen christlichen Vorstellung vom moralischen Charakter Gottes verknüpft ist, erscheint neben dieser grausigen Idealisierung der Bösartigkeit bedeutungslos. Die meisten lassen sich glücklicherweise nicht so unzweideutig aus den eigenen Worten Christi herleiten, dass man sie unbestreitbar als Teil der christlichen Lehre bezeichnen könnte. Man kann z. B. sehr wohl bezweifeln, ob tatsächlich das Christentum für die Vorstellung vom Opfertod Christi und von der Erlösung, von der Erbsünde und davon, dass Christus unsere Sünden auf sich genommen hat, verantwortlich war. Und dasselbe gilt von der Lehre, die den Glauben an die göttliche Sendung Christi zu einer notwendigen Bedingung des ewigen Heils macht. Nirgendwo steht geschrieben, dass Christus diesen Satz selbst aufgestellt hat, außer in dem verworrenen Bericht über die Auferstehung in den Schlussversen des Markus-Evangeliums,[50] die einige Kritiker – wie ich glaube, die besten – für eine spätere Hinzufügung halten. Ebenso gehört der Satz »Wo aber Obrigkeit ist, die ist von Gott verordnet«[51] und die ganze Reihe der in den Episteln[52] daraus gezogenen Folgerungen dem Paulus zu und muss mit dem Paulinischen Glauben, nicht mit dem Christentum, stehen und fallen. Dennoch gibt es einen von jeder Form des Christentums unzertrennlichen moralischen Widerspruch, den kein Scharfsinn lösen und keine Sophistik[53] wegerklären kann: dass eine so kostbare, nur wenigen gewährte Gabe der Allgemeinheit vorenthalten geblieben ist; dass es hat zugelassen werden können, dass zahllose Millionen menschlicher Wesen gelebt, gesündigt und gelitten haben, ohne das eine gewährt zu bekommen, auf das es ankam, das göttliche Heilmittel für Sünden und Leiden, das allen zu gewähren den göttlichen Geber nicht mehr gekostet haben würde, als es aus besonderer Gnade einer begünstigten Minderheit zuteil werden zu lassen. Hinzu kommt, dass die göttliche Botschaft – einmal als solche angenommen – durch so unzulängliche Beweismittel verbürgt ist, dass sie einen großen Teil der stärksten und gebildetsten Geister nicht zu überzeugen vermögen, und dass die Tendenz, nicht an sie zu glauben, mit dem Fortschritt der wissenschaftlichen Kenntnisse und der kritischen Fähigkeiten zu wachsen scheint. Wer glauben kann, dass dies den absichtlichen Versäumnissen eines vollkommen guten Wesens zuzuschreiben ist, muss jede Regung des Gefühls für das Gute und Gerechte, wie es unter den Menschen seit alters besteht, zum Schweigen bringen.

Zweifellos ist es möglich (wie viele Beispiele zeigen), mit der innigsten Hingebung beide Gottheiten, sowohl die der Natur als auch die des Evangeliums, ohne jede Vergewaltigung des moralischen Gefühls anzubeten. Das ist jedoch nur möglich, wenn sich die Aufmerksamkeit ausschließlich auf das richtet, was in den Lehren des Evangeliums und den Vorkehrungen der Natur schön und segensreich ist, und alles Gegenteilige so vollständig außer Acht gelassen wird, als ob es gar nicht existierte.[54] Insofern kann dieser einfache, unschuldige Glaube, wie schon gesagt, nur mit einer stumpfen und untätigen Verfassung der menschlichen Denkfähigkeit zusammen bestehen. Ein Mensch mit geübtem Verstand kann nicht anders dahin gelangen als durch Verfälschung und Verdrehung, sei es des Verstandes oder des Gewissens. Man kann fast immer, sowohl von Sekten als auch von Individuen, sagen: Je besser ihre Logik, desto schlechter ihre Moral.

Nur eine einzige Form des Glaubens an das Übernatürliche, nur eine einzige Theorie über die ursprüngliche Regierung des Universums ist sowohl von logischen als auch moralischen Widersprüchen völlig frei, nämlich diejenige, die auf die Idee eines allmächtigen Schöpfers ein für alle Mal verzichtet und Natur und Leben nicht ausschließlich als Ausdruck des moralischen Charakters und Zwecks der Gottheit, sondern als das Resultat eines Kampfes zwischen einer tätigen Güte und einer widerspenstigen Materie – wie Platon glaubte[55] – oder einem bösen Prinzip – wie in der Lehre der Manichäer[56] – versteht. Ein solcher Glaube, zu dem sich, wie ich weiß, zumindest *eine* gebildete und gewissenhafte Person in unseren Tagen aufrichtig bekannt hat,[57] gestattet die Annahme, dass die Gesamtheit des Bösen in der Welt von dem Wesen, das wir anzubeten berufen sind, nicht beabsichtigt war und nicht kraft seiner Anordnung, sondern trotz ihrer Anordnung besteht. Ein tugendhafter Mensch erscheint dieser Theorie nach in dem erhabenen Licht eines Mitarbeiters des Höchsten, eines

Mitkämpfers in dem großen Kampf, in dem er seinen Teil, der durch das Zusammenwirken vieler Gleichgesinnter zu einem großen wird, zu dem fortschreitend wachsenden Einfluss und dem schließlich vollständigen Sieg des Guten über das Böse beiträgt, auf den die Geschichte hinweist und den uns diese Lehre als von dem Wesen geplant zu verstehen lehrt, dem wir alle wohlwollenden Einrichtungen, die wir in der Natur vorfinden, verdanken. Gegen die moralische Tendenz dieses Glaubens ist nichts einzuwenden. Auf jeden, dem es gelingt, an ihn zu glauben, kann dieser Glaube nur von läuterndem Einfluss sein. Die Beweise für ihn – wenn sie überhaupt Beweise genannt werden dürfen – sind allerdings zu blass und schattenhaft, und die Versprechungen, die der Beweis bietet, zu entfernt und unsicher, als dass er ein dauernder Ersatz für die Religion der Menschheit sein könnte. Doch können beide miteinander verbunden werden, und derjenige, dem das ideale Gute und die fortschreitende Annäherung der Welt an dieses Gute schon eine Religion sind, kann sich selbst dann, wenn ihm jener andere Glaube in keiner Weise begründet scheint, dem willkommenen und ermutigenden Gedanken hingeben, dass er möglicherweise wahr sei. Außerhalb der Sphäre allen dogmatischen Glaubens existiert für die, die dessen bedürfen, ein weites Gebiet im Reich der Einbildungskraft, das mit Möglichkeiten und Hypothesen, deren Unrichtigkeit nicht zu erweisen ist, bepflanzt werden kann; und wenn sich in den Erscheinungen der Natur etwas findet, was für sie spricht, wie es hier der Fall ist – denn unabhängig davon, wie viel Überzeugungskraft wir den Analogien der Natur mit den Wirkungen menschlichen Tuns beimessen, so ist doch Paleys[58] Bemerkung unbestreitbar richtig, dass uns das Gute in der Natur viel öfter Anlass zu solchen Analogien gibt als das Böse –, ist die Erwägung solcher Möglichkeiten eine erlaubte Schwäche, die zusammen mit anderen Einflüssen ihren Teil dazu beitragen kann, die Ausrichtung der Gefühle und Impulse auf das Gute zu fördern und zu beleben. *Einen* Vorteil – man möge über ihn denken, wie man will – müssen die übernatürlichen Religionen der Religion der Menschheit stets voraushaben, nämlich die Aussicht, die sie dem Einzelnen auf ein Leben nach dem Tode gewähren. Denn obwohl ein Skeptizismus des Verstandes nicht notwendig einen Theismus der Einbildungskraft und der Gefühle ausschließt und dieser wiederum Veranlassung zu der Hoffnung gibt, dass die Macht, die so viel für uns getan hat, auch imstande sei, dies für uns zu tun, so sind doch derart vage Möglichkeiten von jeder Überzeugungskraft weit entfernt.

Es bleibt also noch der Wert dieses Elements – der Aussicht auf eine künftige Welt – als einer der Faktoren irdischer Glückseligkeit einzuschätzen. Ich kann nicht umhin, zu glauben, dass in dem Maße, wie sich die Lage der Menschheit insgesamt verbessert, wie die Menschen in ihrem Leben glücklicher und in höherem Maße fähig werden, ihr Glück aus uneigennützigen Quellen zu schöpfen, sie dieser einschmeichelnden Hoffnung immer weniger Wert beilegen werden. Es sind der Natur der Sache nach im Allgemeinen nicht die Glücklichen, die am eifrigsten auf eine Verlängerung des gegenwärtigen Lebens oder auf ein künftiges Leben bedacht sind, es sind vielmehr diejenigen, die niemals glücklich gewesen sind. Menschen, die glücklich gewesen sind, können den Abschied vom Leben ertragen. Doch ist es hart, zu sterben, ohne jemals gelebt zu haben.

Wenn die Menschheit eines künftigen Lebens als eines Trostes für gegenwärtige Leiden nicht mehr bedarf, so wird es, was sie selber betrifft, seinen wesentlichen Wert für sie verloren haben. Ich rede hier von den Uneigennützigen. Diejenigen, die so von ihrem Selbst erfüllt sind, dass sie unfähig sind, sich in ihren Gefühlen mit etwas zu identifizieren, was sie selbst überdauern wird, oder ihr Leben in dem ihrer jüngeren Zeitgenossen und all derer fortgesetzt zu sehen, die dabei mitwirken, den fortschreitenden Gang der menschlichen Gesellschaft zu befördern, bedürfen der Vorstellung eines anderen selbstsüchtigen Lebens jenseits des Grabes, um am Dasein irgendein Interesse zu behalten, da *dieses* Leben für sie beim Herannahen seines Endes zu etwas zu Bedeutungslosem zusammenschrumpft, um noch des Interesses wert zu sein. Doch würde die Religion der Menschheit ebenso eifrig gepflegt, wie es die übernatürlichen Religionen jetzt werden (und man kann sich unschwer vorstellen, dass das noch in viel höherem Maße geschehen könnte), würden alle, die das Durchschnittsmaß moralischer Bildung erhalten hätten, in ideeller Weise bis zu ihrer Todesstunde das Leben derer, die ihnen folgen, mitleben; und obwohl sie zweifellos oftmals als Individuen gern länger leben möchten, als ihr gegenwärtiges Leben dauert, scheint es mir doch wahrscheinlich zu sein, dass sie nach einer längeren Zeit, deren Dauer sich für die verschiedenen Individuen jeweils verschieden bemessen würde, an dem Leben genug gehabt haben und sich getrost zur ewigen Ruhe niederlegen würden. Indessen, und ohne so weit vorauszublicken, dürfen wir bemerken, dass diejenigen, die an die Unsterblichkeit der Seele glauben, das Leben mit ebenso großem, wenn nicht sogar mit größerem Widerstreben verlassen als die, die solche Erwartungen nicht hegen. Das bloße Aufhören des Daseins ist für niemanden ein Übel.[59] Dass uns diese Vorstellung erschreckend scheint, liegt nur an der Illusion der Einbildungskraft, die bewirkt, dass wir uns selbst so vorstellen, als ob wir lebend das Bewusstsein hätten, tot zu sein. Das Erschreckende am Tod ist nicht der Tod selbst, sondern das Sterben mit seinen düsteren Begleitumständen, also etwas, das der an die Unsterblichkeit Glaubende ebenso durchmachen muss. Auch kann ich nicht finden, dass der Skeptiker durch seinen Skeptizismus einen echten und tatsächlichen Trost verliert, außer der Hoffnung auf Wiedervereinigung mit den geliebten Menschen, die ihm vorangegangen sind. Der Verlust dieses Trostes kann nicht geleugnet und nicht gemildert werden.[60] In vielen Fällen ist er unermesslich und mit nichts zu vergleichen und wird immer ausreichen, in den empfindsamen Naturen die von der Einbildungskraft genährte Hoffnung auf eine Zukunft lebendig zu erhalten, die zwar durch nichts bewiesen ist, der aber auch nichts in unserem Wissen oder unserer Erfahrung widerspricht.[61]

Die Geschichte, soweit wir sie kennen, stützt die Ansicht, dass die Menschheit ohne weiteres ohne den Glauben an einen Himmel auskommen kann. Die Vorstellung, die sich etwa die Griechen von einem zukünftigen Zustand machten, war alles andere als verlockend. Ihre elysischen Gefilde[62] konnten auf ihre Gefühle und ihre Phantasie eine nur sehr geringe Anziehungskraft ausüben. Achilles spricht in der Odyssee eine sehr natürliche und zweifellos sehr verbreitete Ansicht aus, wenn er sagt, dass er lieber auf Erden als Sklave einem armen Herrn dienen als über das ganze Totenreich herrschen wolle.[63] Und der Tiefsinn, der uns aus der Apostrophe des sterbenden Kaisers Hadrian an seine eigene Seele[64] entgegentritt, beweist, dass die populäre Vorstellung in dieser langen Zeit keine große Veränderung erfahren hatte. Und doch finden wir weder, dass die Griechen das Leben weniger genossen, noch dass sie den Tod mehr fürchteten als andere Völker. Der Buddhismus hat wahrscheinlich gegenwärtig eine größere Zahl von Anhängern als das Christentum oder der Islam. Der buddhistische Glaube kennt viele Arten der Bestrafung in einem künftigen Leben (oder vielmehr mehreren künftigen Leben) durch die Wiederverkörperung der Seele in anderen Menschen- oder Tierkörpern. Doch besteht der Segen des Himmels, den er als eine durch ein beharrlich tugendhaftes Leben zu gewinnende Belohnung in Aussicht stellt, in der Vernichtung oder jedenfalls dem Aufhören jeder bewussten und gesonderten Existenz. Es ist unmöglich, in dieser Religion das Werk der Gesetzgeber und Sittenlehrer zu verkennen, die versucht haben, für das Verhalten, das sie zu ermuntern suchten, übernatürliche Motive zu finden. Und sie vermochten als den höchsten, durch die gewaltigsten Anstrengungen der Arbeit und der Selbstverleugnung zu gewinnenden Preis nichts Erhabeneres zu bieten als das, was uns so oft als die furchtbare Vorstellung der Vernichtung geschildert wird. Das ist doch sicherlich ein Beweis dafür, dass diese Vorstellung nicht tatsächlich oder an sich selbst schrecklich ist, dass sich nicht nur Philosophen, sondern auch gewöhnliche Menschen leicht mit dieser Vorstellung aussöhnen und sie sogar als ein Gut verstehen können, und dass es mit der Vorstellung eines glücklichen Lebens durchaus vereinbar ist, dass wir das Leben ablegen müssen, nachdem das Beste, was es gewähren konnte, einen langen Zeitraum hindurch voll genossen worden ist, nachdem all seine Freuden, einschließlich der aus dem Wohlwollen fließenden, ausgekostet sind und nichts kennen zu lernen und zu genießen mehr übrig bleibt, um die Neugierde anzustacheln und den Wunsch nach einem verlängerten Dasein wachzuhalten. Es scheint mir nicht nur möglich, sondern sogar wahrscheinlich, dass in einem höheren und vor allem glücklicheren Zustand des Lebens nicht die Vorstellung einer Vernichtung, sondern die Vorstellung der Unsterblichkeit die bedrückendere sein würde und dass die menschliche Natur, wenn auch mit der Gegenwart zufrieden und durchaus nicht ungeduldig, sie zu verlassen, den Gedanken tröstend und keineswegs betrüblich finden würde, dass sie nicht für alle Ewigkeit an eine bewusste Existenz gekettet ist, von der sie nicht sicher sein kann, dass sie sie auf immer erhalten wissen möchte.

Zu dieser Ausgabe

Die Grundlage für die Übersetzung bildet die Ausgabe des Textes aus der Gesamtausgabe von Mills Werken:

> The Utility of Religion. In: J. St. Mill: Essays on Ethics, Religion and Society. Ed. by John M. Robson. Toronto/London: University of Toronto Press / Routledge and Kegan Paul, 1969. (Collected Works of John Stuart Mill. 10.) S. 403–428.

Anmerkungen

1 *Intuition:* Die Ablehnung der Intuition als Erkenntnisquelle ist für den Empiristen Mill durchweg charakteristisch. In seinem Pamphlet *Utilitarianism* lehnt er die Berufung auf die Intuition insbesondere zur Begründung moralischer Grundsätze ab. Mit der Methode der »Beweise«, die er der intuitiven Methode entgegensetzt, ist dabei nicht eine strenge Ableitung nach deduktiven Regeln gemeint, sondern eine Methode der Begründung durch (im einzelnen fehlbare) Plausibilitätsgründe.

2 *Deismus:* Vernunftreligion der Aufklärung des 18. Jahrhunderts ohne die Annahme eines persönlichen Gottes: Gott ist Ursprung der Welt, greift jedoch nicht ins Weltgeschehen ein und tritt mit den Menschen in keine wie immer geartete kommunikative Beziehung.

3 *Opferung der Iphigenie:* In den griechischen Sagen um Troja ist Agamemnon als Heerführer der Griechen nach anfänglichem Widerstreben bereit, seine Tochter Iphigenie zu opfern, um den Zorn der Göttin Artemis zu besänftigen und aus dem Hafen von Aulis unter den als Dank für das Opfer von den Göttern geschickten günstigen Winden nach Troja segeln zu können.

4 *Dragonaden Ludwigs XIV.:* die gewaltsame Bekehrung der französischen Protestanten durch Ludwig XIV. und seinen Kriegsminister Louvois nach der Aufhebung des Edikts von Nantes im Jahre 1685. In den Häusern der Protestanten wurden Dragoner, also schwere Reiterei, oft Lanzenreiter, einquartiert, die die Erlaubnis hatten, die hartnäckigen Anhänger des Protestantismus zu misshandeln und auszuplündern.

5 *Bentham:* Jeremy Bentham (1748–1832): englischer Jurist, Philosoph und Rechtsreformer, Begründer des Utilitarismus als ethisch-politischer Theorie und Freund von Mills Vater James Mill. In seinen Essays zu Bentham übte der spätere Mill teilweise herbe Kritik an seinem ehemaligen Lehrer.

6 *Philip Beauchamp:* Pseudonym des englischen Historikers George Grote (1794–1871), der zur Gruppe der utilitaristischen Radicals und zum Freundeskreis von Bentham und Mills Vater James Mill gehörte.

7 *Comte:* Mit Auguste Comte (1798–1857), dem Begründer des Positivismus (*philosophie positive*), stand Mill längere Jahre in brieflichem Austausch. Trotz zahlreicher Gemeinsamkeiten stand Mill, wie sein Buch *Comte and Positivism* (1865) zeigt, Comtes Sozialphilosophie überwiegend kritisch gegenüber.

8 *Novalis:* deutscher frühromantischer Dichter (Friedrich von Hardenberg, 1772–1801), auf den sich Mill häufiger bezieht. Hier greift er ein Zitat aus den Vorlesungen seines Freundes Thomas Carlyle über das Heroische auf (*On Heroes, Hero-Worship, and the Heroic in History*, London 1841, S. 93). Die Quelle ist unklar.

9 *grenzenlos:* Mill stand in der Kontroverse zwischen Nativismus, für den der menschliche Charakter überwiegend angeboren, und der Milieutheorie, für die dieser überwiegend erworben ist, eindeutig auf der Seite der Milieutheorie. Die wesentlichen Fortschritte der Gesellschaft erhoffte er sich weniger von den Fortschritten in Wissenschaft, Technik und Medizin als vielmehr von der Verbesserung der Erziehung und des Erziehungswesens. Mills Formulierung erinnert an Leibniz' Satz: »L'éducation peut tout« (»Erziehung vermag alles«).

10 *Institutionen des Lykurg:* Verfassung des antiken Sparta, dem (wahrscheinlich mythischen) Gesetzgeber Lykurg zugeschrieben.

11 *des delphischen Orakels:* In Delphi erteilte die Priesterin Pythia im antiken Griechenland Prophezeiungen im Rahmen kultischer Handlungen. Sie saß dabei auf einem Dreifuß und ließ sich durch dem Boden entströmende Dämpfe in Trance versetzen.

12 *Sophisten:* antike Wanderlehrer im Griechenland des 5. und 4. vorchristlichen Jahrhunderts.

13 *folgen zum Bösen:* Zitat aus 2 Mose 23,2: »Du sollst nicht folgen der Menge zum Bösen und nicht also antworten vor Gericht, daß du der Menge nach vom Rechten weichest.«

14 *Vater Mirabeaus:* Der Vater des Marquis de Mirabeau (1749–1791), Politiker und Beteiligter an der Französischen Revolution, der Volkswirtschaftslehrer Victor Riquetti Marquis de Mirabeau (1715–1789), starb am Vorabend des Sturms auf die Bastille am 14. Juli 1789.

15 *culbute générale:* allgemeiner Umsturz.

16 *Weissagung Johannis:* Das Buch Offenbarung des Johannes (das nach überwiegender Forschungsmeinung nicht von dem Evangelisten Johannes verfasst ist) schildet in Kapitel 17 und 18 den Untergang Roms im allegorischen Bild der Bestrafung der Hure Babylon.

17 *wenn sie starken Versuchungen ausgesetzt sind:* Mill schließt sich hier der Auffassung David Humes im 12. Teil seiner *Dialoge über natürliche Religion* an: »Die Folgerung, weil endliche und befristete Belohnungen und Strafen einen so großen Einfluss haben, müssten unendliche und ewige einen umso größeren haben, ist nicht stichhaltig. Vergleiche doch bitte das Interesse, das wir an gegenwärtigen Dingen nehmen, mit der geringen Anteilnahme, die wir Gegenständen, die so fern und ungewiss sind, entgegenbringen.« (Hume 1981, S. 152)

18 *eine geringe Wirkung auf das Verhalten der Menschen haben:* Mill bezieht sich hier auf die Seiten 58–66 des Buchs von George Grote, *Analysis of the Influence of Natural Religion on the Temporal Happiness of Mankind*, London 1822, der überarbeiteten Fassung eines Manuskript von Jeremy Bentham.

19 *Universitätseide:* hier auch stellvertretend für Eide, die bei Antritt eines Amtes geschworen werden.

20 *der Konvertit:* der zu einem anderen Glauben Übergetretene.

21 *am Marterpfahl:* Eine der eindringlichsten Schilderungen findet sich in *The Leatherstocking Tales* (*Lederstrumpf*) von James Fenimore Cooper (1789–1851): Es werden kleine, oft glühende Holzsplitter unter die Fingernägel gerammt, mit brennenden Zweigen, Pfeilen und mit Messern gearbeitet (der gesamte Stamm ist an der Folterung beteiligt – auch und vor allem die Frauen derjenigen gefallenen Krieger, für dessen Tod der Feind am Marterpfahl verantwortlich gemacht wird). Auch nur der geringste Schmerzenslaut gilt als ehrlos.

22 *den Paulinischen Glauben:* Glaubenslehre, die der Apostel Paulus in seinen Briefen vertritt und damit die christlichen Dogmen entscheidend beeinflusst hat. Sie unterscheidet sich teilweise von den Lehren Jesu.

23 *Marc Aurel:* (121–180), römischer Kaiser von 161 bis 180 und stoischer Philosoph. Hauptwerk: *Selbstbetrachtungen.*

24 *Pentateuch:* die fünf Bücher Mose.

25 *es dort zu finden:* In 3 Mose 19,18 findet sich das Liebesgebot in seiner klassischen Formulierung »Du sollst deinen Nächsten lieben wie dich selbst«.

26 *Gebot, einander zu lieben:* Joh 13,34: »Ein neu Gebot gebe ich euch, daß ihr euch untereinander liebet, wie ich euch geliebt habe, auf daß auch ihr einander liebhabet.«

27 *Parabel vom Barmherzigen Samariter:* Lk 10,30–37: »Da antwortete Jesus und sprach: Es war ein Mensch, der ging von Jerusalem hinab gen Jericho und fiel unter die Mörder; die zogen ihn aus und schlugen ihn und gingen davon und ließen ihn halbtot liegen. Es begab sich aber ungefähr, daß ein Priester dieselbe Straße hinabzog; und da er ihn sah, ging er vorüber. Desgleichen auch ein Levit; da er kam zu der Stätte und sah ihn, ging er vorüber. Ein Samariter aber reiste und kam dahin; und da er ihn sah, jammerte ihn sein, ging zu ihm, verband ihm seine Wunden und goß darein Öl und Wein und hob ihn auf sein Tier und führte ihn in die Herberge und pflegte sein. Des anderen Tages reiste er und zog heraus zwei Groschen und gab sie dem Wirte und sprach zu ihm: Pflege sein; und so du was mehr wirst dartun, will ich dir's bezahlen, wenn ich wiederkomme. Welcher dünkt dich, der unter diesen Dreien der Nächste sei gewesen dem, der unter die Mörder gefallen war? Er sprach: Der die Barmherzigkeit an ihn tat. Da sprach Jesus zu ihm: So gehe hin und tue desgleichen!«

28 *der werfe den ersten Stein:* Joh 8,7: »Wer unter euch ohne Sünde ist, der werfe den ersten Stein [...].«

29 *dass man uns tun soll:* Mt 7,12: »Alles nun, was ihr wollt, daß euch die Leute tun sollen, das tut ihr ihnen auch!«

30 *Credo:* lat.: »Ich glaube«, hier: ein Glaubensbekenntnis.

31 *Primus in orbe deos fecit timor:* »Die Furcht hat zuerst in der Welt die Götter geschaffen.« (Statius, *Thebais III*, S. 661)

32 *zu den Sternen aufschaut:* vgl. Kants berühmten Ausspruch: »Zwei Dinge erfüllen das Gemüt mit immer neuer und zunehmender Bewunderung und Ehrfurcht, je öfter und anhaltender sich das Nachdenken damit beschäftigt: *Der bestirnte Himmel*

über mir und das moralische Gesetz in mir. Ich sehe sie beide vor mir und verknüpfe sie unmittelbar mit dem Bewusstsein meiner Existenz.« (KprV AA 288, Stuttgart 1961, S. 232)

33 *Religion und Poesie:* Dass Mill Religion und Poesie in einem Atemzug nennt, erklärt sich u. a. durch die große Bedeutung, die die Hinwendung zur Poesie für seine Biographie hatte. So konnte der 20-Jährige seine »geistige Krise«, eine tief depressive Phase, in der er seine bisherigen Lebensideale in Frage stellte, überwinden. Während er von Kind auf mit der Musik der deutschen Klassik vertraut war und auch selbst Klavier spielte, eröffnete ihm die Dichtung, vor allem die der englischen Romantiker, eine bisher unbekannte Gefühlswelt.

34 *die Leinwand … ausmalt:* Die Projektionstheorie der Religion, nach der die religiösen Bilder Widerspiegelungen eigener Wünsche sind, ist insbesondere von Ludwig Feuerbach (*Das Wesen des Christentums*, 1841) und später von Sigmund Freud (*Die Zukunft einer Illusion*, 1927) ausgearbeitet worden.

35 *denn morgen sind wir tot:* 1 Kor 15,32: Rückverweis auf Jes 22,13: »Laßt uns essen und trinken, wir sterben doch morgen!« Diese Auffassung entspricht allenfalls der populären Vorstellung von Epikureismus. Epikurs (341–270 v. Chr.) Form des Hedonismus betonte neben dem Augenblicksgenuss auch die Notwenigkeit einer Vorsorge für ein langfristig sorgenfreies Leben.

36 *carpe diem:* lat.: »Pflücke bzw. ergreife den Tag«. Sentenz aus einem Gedicht von Horaz (65–8 v. Chr.). Ermahnung, die Gegenwart zu nutzen und nichts aufzuschieben, was morgen vielleicht nicht mehr zu haben ist.

37 *Jehova:* hebräischer Name für Gott.

38 *De officiis:* Marcus Tullius Ciceros (106–43 v. Chr.) einflussreiches Werk *Von den Pflichten.*

39 *Howard:* John Howard (1726–1790), englischer Philanthrop, prangerte in seinem Buch *State of the Prisons in England and Wales* (1777) die Zustände in den englischen Gefängnissen an und regte Bentham zu seinem Entwurf eines Modellgefängnisses, des »Panopticon«, an.

40 *Washington:* George Washington (1732–1799), erster Präsident

der Vereinigen Staaten, spielte eine maßgebliche Rolle bei der Unterzeichnung der amerikanischen Verfassung im Jahr 1787.

41 *Marc Aurel:* s. Anm. 23.

42 *Religion der Menschheit:* Anspielung auf die von Auguste Comte erstmals 1847 verkündete *Religion de l'humanité.*

43 *Erscheinungsformen:* Der Gedanke einer Ablösung der religiösen Orientierung an einem transzendenten Gott oder anderen übernatürlichen Wesen durch eine an der Transzendenz zukünftiger Generationen ist insbesondere im Rahmen der neueren Umweltphilosophie wiederbelebt worden (vgl. Partridge 1980). Die Zukunft ist ebenso wie transzendente Gottheiten menschheitsumfassend, zeitlich grenzenlos und unerforschlich und damit eine Projektionsfläche für in der eigenen Lebenszeit unerfüllt bleibende Hoffnungen. Weitere Funktionen der Religion kann ein Engagement für die langfristige Verbesserung der Welt dadurch übernehmen, dass es für den Einzelnen Sinn stiftet, ihn in seinem Selbstwert bestätigt und ihm durch das Eingebettetsein in einem übergreifenden Sinnzusammenhang Geborgenheitsgefühle vermittelt.

44 *das er so eindringlich predigt:* Vgl. etwa Mt 5,19 (Bergpredigt): »Wer nun eines von diesen kleinsten Geboten auflöst und lehrt die Leute also, der wird der Kleinste heißen im Himmelreich; wer es aber tut und lehrt, der wird groß heißen im Himmelreich.«

45 *da sich alles … im Übermaß findet:* Die These, dass die Natur aufgrund ihrer zahlreichen Übel als Vorbild für menschliches Verhalten nicht in Frage kommt, ist u. a. Gegenstand von Mills Essay *Nature.*

46 *Bergpredigt:* Mt 5–7.

47 *Sophismen:* Trugschlüsse, Spitzfindigkeiten.

48 *dass ihre Wege nicht unsere Wege sind:* Anlehnung an Jes 55,8: »Denn meine Gedanken sind nicht eure Gedanken, und eure Wege sind nicht meine Wege, spricht der HERR.«

49 *für genau dieses Schicksal erschafft:* Nach der Autobiographie (Mill 2011, S. 33) hatten diese Zweifel Mills Vater James Mill dazu gebracht, zum Agnostiker zu werden.

50 *Schlussversen des Markus-Evangeliums:* Mk 16.

51 *Obrigkeit:* Röm 13,1: »Jedermann sei untertan der Obrigkeit, die Gewalt über ihn hat. Denn es ist keine Obrigkeit ohne von Gott; wo aber Obrigkeit ist, die ist von Gott verordnet.«

52 *Episteln:* die Briefe der Apostel im Neuen Testament.

53 *Sophistik:* Gesamtheit der antiken Wanderlehrer mit dem Zentrum Athen. Hier: Kunst des Trugschlusses.

54 *als ob es gar nicht existierte:* Derselbe Gedanke, dass sich das verbreitete idealisierte Naturbild nur mit Hilfe einer hochgradig ausschnitthaften Vorstellung von der Natur aufrechterhalten lässt, findet sich an prominenter Stelle in Mills Essay *Nature.*

55 *Platon:* vgl. Platon, *Politikos* 273c.

56 *Manichäer:* nach dem Gründer Mani (216–276) benannte Religion der Spätantike, nach der sich zwei gegensätzliche Mächte (des Lichts und der Finsternis) gleichwertig gegenüberstehen.

57 *zu dem sich … aufrichtig bekannt hat:* Dass Mill von einer »Person« und nicht von einem »Mann« spricht, deutet darauf hin, dass Mill hier seine Frau Harriet meint. Mill bleibt auch hier seiner Gewohnheit treu, Harriet innerhalb seiner Werke an keiner Stelle ausdrücklich zu erwähnen, ihr außerhalb der Werke (in Widmungen und Briefen) aber einen Großteil der unter seinem Namen veröffentlichten Ideen zuzuschreiben. Ein möglicher Grund könnte in dem Anstoß liegen, den die Erwähnung seiner geistigen Partnerschaft mit Harriet beim Publikum erregt hätte. In den 1848 erschienenen *Principles of Political Economy* zog er seine ursprünglich vorgesehene Widmung an Harriet zurück, fügte sie jedoch in die Exemplare ein, die er für seine engeren Freunde bestimmt hatte.

58 *Paley:* William Paley (1743–1805), englischer Theologe und Vertreter einer quasi-utilitaristischen Schöpfungsteleologie, nach der Gott zum Besten aller fühlenden Wesen eingerichtet hat. Mill bezieht sich hier auf Paleys Hauptwerk *Natural Theology*, London 1802, Kap. 26: »The Goodness of the Deity«.

59 *Das bloße Aufhören des Daseins ist für niemanden ein Übel:* Mill folgt hier der auf Epikur und Lukrez zurückgehenden Lehre, nach der der Tod, da er als solcher nicht wahrgenommen werden kann, auch kein Übel sein kann. In Epikurs Brief an Menoikeus findet

sich der berühmte Satz: »Gewöhne Dich an den Gedanken, dass der Tod für uns ein Nichts ist. Beruht doch alles Gute und alles Üble nur auf Empfindung, der Tod aber ist Aufhebung der Empfindung.«

60 *Der Verlust … nicht gemildert werden:* Mills Freund, der Philosoph und Psychologe Alexander Bain (1810–1877), der Mills Atheismus nicht teilte, schrieb: »Die Tatsache bleibt bestehen, dass Mill in allen für den christlichen Glauben charakteristischen Merkmalen durch und durch negativ dachte. Er gestand ihm weder Wahrheit noch Nützlichkeit zu. Was er für dessen beste Seite hielt, geht aus einer Bemerkung hervor, die er einmal gegenüber einem von häuslichen Problemen heimgesuchten Freund machte: ›Der einzige dauerhafte Wert der Religion besteht darin, das Gefühl der totalen Verlassenheit abzumildern, das in echtem Kummer so furchtbar ist.‹« (Sell 1997, S. 209)

61 *der aber auch nichts in unserem Wissen oder unserer Erfahrung widerspricht:* Diese – problematische – Überzeugung vertritt Mill ebenso in dem in höherem Alter verfassten Essay *Theismus.* Sie ist ein Beleg dafür, dass sich Mills Ansichten zum Theismus zwischen 1854, dem Jahr der Entstehung des vorliegenden Essays, und den Jahren 1868–70, in denen sein *Theismus* entstand, zumindest in diesem Punkt nicht wesentlich geändert haben. Eine andere Frage ist, ob Mill die Vereinbarkeit des Glaubens an ein Weiterleben der Seele über den physischen Tod hinaus mit den Naturgesetzen tatsächlich angenommen hat, oder lediglich (wie etwa Benn 1906, S. 441 vermutet) bemüht war, sein im Wesentlichen christliches Publikum nicht zu brüskieren.

62 *elysischen Gefilde:* in der griechischen Mythologie die »Insel der Seligen«, auf die die Helden nach ihrem Heldentod von den Göttern entrückt werden.

63 *Achilles: Odyssee* XI, 488–491, in der Übersetzung von J. H. Voß: »Preise mir jetzt nicht tröstend den Tod, ruhmvoller Odysseus. / Lieber möcht' ich fürwahr dem unbegüterten Meier, / Der nur kümmerlich lebt, als Tagelöhner das Feld baun, / Als die ganze Schar vermoderter Toten beherrschen.«

64 *Hadrians Gedicht:* das kurz vor seinem Tod geschriebene Gedicht

des römischen Kaisers Hadrian (76–138): »Seele du, schweifende, zärtliche, / Leibes Gefährtin und Gast, / Nun führt ins düstere Reich / Fröstelnder Schatten dein Weg, / Und nie scherzest du fürder wie einst.« (zitiert nach Yourcenar 1974, S. 5)

Literaturhinweise

Benn, Alfred William: The History of English Rationalism in the Nineteenth Century. Bd. 1. London 1906.

Britton, Karl: John Stuart Mill. New York 1969.

– John Stuart Mill on Christianity. In: J. M. Robson / M. Laine (Hrsg.): James and John Stuart Mill. Papers of the Centenary Conference. Toronto 1976. S. 21–34.

Hayek, Friedrich A. von: John Stuart Mill and Harriet Taylor – Ihre Freundschaft und die anschließende Ehe. In: John Stuart Mill. Ausgewählte Werke. Hrsg. von Ulrike Ackermann und Hans Jörg Schmidt. Bd. 1: John Stuart Mill und Harriet Taylor – Freiheit und Gleichberechtigung. Hamburg 2012. S. 41–318.

Hume, David: Dialoge über natürliche Religion. Hrsg. von Norbert Hoerster. Stuttgart 1981.

James, William: The Principles of Psychology. Bd. 1. New York 1890.

– Die Vielfalt der religiösen Erfahrung. Eine Studie über die menschliche Natur. Olten 1979.

Jodl, Friedrich: Geschichte der Ethik als philosophischer Wissenschaft. Bd. 2: Von Kant bis zur Gegenwart (1882). Darmstadt 1965.

Mill, John Stuart: August Comte und der Positivismus. In: J. S. M.: Gesammelte Werke. Hrsg. von Theodor Gomperz. Bd. 9. Leipzig 1874. S. 1–141. Neudruck Aalen 1968.

– Autobiographie. Hrsg. von Jean-Claude Wolf. Hamburg 2011.

Millar, Alan: Mill on Religion. In: John Skorupski (Hrsg.): The Cambridge Companion to Mill. Cambridge 1998. S. 176–202.

Otto, Rudolf: Das Heilige. Gotha [14]1926.

Partridge, Ernest: Why Care About the Future? In: E. P. (Hrsg.): Responsibilities to Future Generations. Environmental Ethics. Buffalo 1980. S. 201–220.

Robertson, John M.: A History of Freethought in the Nineteenth Century. Vol 1. London 1929.

Robson, John M.: Textual Introduction. In: J. St. Mill: Essays on Ethics, Religion and Society. Hrsg. von J. M. R. Toronto/London 1969. (Collected Works of John Stuart Mill. 10), S. CXV–CXXXIX.

Ryan, Alan: J. S. Mill. London/Boston 1974.

Saenger, Samuel: John Stuart Mill. Sein Leben und Lebenswerk. Stuttgart 1901.

Schopenhauer, Arthur: Parerga und Paralipomena I. Sämtliche Werke. Hrsg. von Arthur Hübscher. Bd. 5. Wiesbaden [4]1988.

Sell, Alan P. F. (Hrsg): Mill and Religion. Contemporary Responses to Three Essays on Religion. Bristol 1997.

Steinhäuser, Ekkehard: Das Problem der Integration utilitaristischer Argumentation in die theologische Ethik. Frankfurt a. M. 1997.

Veraart, Heinz-Albert: John Stuart Mills Religionsphilosophie. In: Zeitschrift für Didaktik der Philosophie und Ethik 30 (2008) S. 194–209.

Wentscher, Else: John Stuart Mills Stellung zur Religion. Archiv für die gesamte Psychologie 77 (1930) S. 48–66.

Woods, Thomas: Poetry and Philosophy. A Study in the Thought of J. St. Mill. London 1961.

Yourcenar, Marguerite: Ich zähme die Wölfin. München 1974.

Nachwort

John Stuart Mill war im England das 19. Jahrhunderts der bekannteste politische Philosoph, Wissenschaftstheoretiker und Wirtschaftswissenschaftler. Dennoch war es sein Schicksal, niemals in den Kreis der großen Philosophen aufgenommen zu werden. Dazu fehlte es ihm, dem Wunderkind und in fast allen Wissenschaften und Künsten Bewanderten, an Originalität, an Kraft zur umfassenden Synthese und an der Fähigkeit, sein Denken um eine einzige tragende Idee zu zentrieren. Aus heutiger Sicht war Mills Rolle in erster Linie die eines Vermittlers zwischen der englischen und französischen Aufklärungsphilosophie des 18. Jahrhunderts und der Philosophie des 20. und 21. Jahrhunderts.

Viele seiner Themen haben jedoch gerade in den letzten Jahrzehnten ihre unveränderte Aktualität erwiesen. Die sozialphilosophischen Fragen, die Mill formuliert, sind weitgehend dieselben Fragen, die in der Sozial- und Wirtschaftspolitik auch heute gestellt werden:

Wie viel Individualismus und Pluralismus der Lebensführung ist mit der Aufrechterhaltung der sozialen Ordnung und dem Bedürfnis nach Orientierung vereinbar?

Wie lässt sich eine wirtschaftliche, soziale und kulturelle Gleichstellung der Geschlechter verwirklichen?

Steht ein kapitalistisches Wirtschaftssystem unter einem »Wachstumszwang« oder behält es – bei stagnierender Bevölkerung – auch bei Nullwachstum seine Funktionsfähigkeit?

Wie weit kann Wirtschaftsdemokratie gehen, ohne die Produktivität der Arbeit zu beeinträchtigen?

Ist die Besteuerung von Erbschaften ein geeignetes Mittel zur Erhöhung der Chancengleichheit?

Kindheit und Erziehung

Geboren 1806 als Sohn des Psychologen, Historikers und Wirtschaftswissenschaftlers James Mill stand Mill bis zum Erwachsenenalter unter dem beherrschenden Einfluss seines Vaters und dessen Freundes Jeremy Bentham. Beide hatten versucht, der empiristischen Erkenntnistheorie und der utilitaristischen Ethik der englischen und französischen Aufklärung ein wissenschaftliches Fundament zu geben. Geleitet vom praktischen Interesse an sozialen Reformen versuchten sie, die metaphysischen und religiösen Begründungen, derer sich Staat, Kirche und Universitätsprofessoren zur Rechtfertigung der überkommenen moralischen, politischen und rechtlichen Normen bedienten, nicht nur zu widerlegen, sondern zugleich als bewusste oder unbewusste Verschleierung handgreiflicher Interessenlagen zu entlarven.

Jeremy Bentham (1748–1832) war mit nahezu fanatischem Reformeifer daran gegangen, Verfassungssysteme, Institutionen, Gesetze und Maßnahmen zu entwerfen, die das Los der Menschheit im Sinne der utilitaristischen Maxime der Steigerung des Menschheitsnutzens verbessern könnten. Ihm ging es um die Abschaffung des Sklavenhandels, ein neues Erziehungssystem, eine Währungsreform, vor allem aber um eine Reform des Strafrechts, das Bentham bereits während seines Jurastudiums für eine trübe Mischung aus Vorurteil, Rachebedürfnis und Grausamkeit hielt. Benthams Schriften, u. a. sein Hauptwerk *Introduction to the Principles of Morals and Legislation* (*Einführung in die Prinzipien von Moral und Gesetzgebung*, 1789), das ein umfassendes System utilitaristischer Rechtswissenschaft entwirft, wurden für den jungen Mill zu *dem* Offenbarungstext, der seine gesamte weitere philosophische Entwicklung prägte.

Sein Vater James Mill (1773–1836) war ein Mann von einschüchternder Intelligenz, moralischer Integrität und Willenskraft. Für den Sohn war er eine übermächtige Vaterfigur, auf die er zeit seines Lebens fixiert blieb. Für James Mill, der davon überzeugt war, durch eine geeignete Erziehung Menschen in beliebiger Weise formen und verbessern zu können, bestand die praktische Umsetzung seiner Theorie in einem in der Geschichte beispiel-, aber auch verantwortungslosen pädagogischen Experiment: James Mill nahm die Erziehung seines Sohnes ganz in die eigene Hand und schirmte ihn zugleich gegen alle äußeren Einflüsse ab. Mit drei Jahren begann John Stuart Mill Griechisch zu lernen, indem er griechisch-englische Wörterlisten auswendig lernte. Die ersten Bücher, die Mill las, waren Äsops Fabeln und Xenophons *Anabasis* – im Original. Mit acht Jahren kam Latein hinzu (noch als Kind übersetzte Mill den gesamten Horaz ins Englische), daneben Mathematik und Naturwissenschaften, mit zwölf Wirtschaftswissenschaften. Das Ergebnis war, dass er, wie er später sagte, »einen Ausgangspunkt gewann, der mich meinen Zeitgenossen gegenüber um ein Vierteljahrhundert vorausbrachte«.[1] Der Erfolg von James Mills Erziehungsexperiment hatte aller-

1 Mill 2011, S. 26.

dings einen hohen Preis: Die Bildung des Kopfes war der Bildung des Herzens nicht nur weit vorausgeeilt, sie hatte diese im Keim erstickt. Als Mill im Alter von zwanzig Jahren von einer tiefen und Monate dauernden Depression ereilt wurde, war er seiner plötzlich aufbrechenden Emotionalität hilflos ausgeliefert. Seine gesamte Erziehung war auf die Bewältigung intellektueller Probleme ausgerichtet gewesen; emotionale Probleme waren nicht einmal dem Namen nach vorgekommen.

Die nachfolgende Zuwendung zu den Romantikern, insbesondere der sentimentalen Naturromantik Wordsworths und der Heroenverehrung Carlyles, verschaffte Mill zum ersten Mal Einblick in die Vielfalt und Verschlungenheit menschlichen Fühlens und Wollens. In dieser Zeit nahm Mill eine Reihe wichtiger Anregungen auf: Von dem Dichter Coleridge lernte er die soziale Bedeutung althergebrachter Institutionen und Traditionen würdigen; und die Saint-Simonisten verhelfen ihm zu der Einsicht in die Notwendigkeit eines nicht nur kritischen, sondern konstruktiven Denkens – zumal in einer Zeit, in der sich viele religiöse, ethische und politische Dogmen überlebt hatten, ohne dass etwas Neues in Sicht war, das an ihre Stelle treten könnte.

Von bleibendem Einfluss auf Mills Denkweise war insbesondere der Positivismus Auguste Comtes (1798–1857), mit dem Mill seit 1841 regelmäßig korrespondierte und mit dem er sich 1865 in seiner Schrift *Auguste Comte and Positivism* (*Auguste Comte und der Positivismus*) abschließend auseinandersetzte. Nach anfänglicher Begeisterung für Comtes *Cours de philosophie positive* (*Kurs der positiven Philosophie*) stand Mill später insbesondere den totalitären

Zügen des in Comtes politischer Theorie entworfenen technokratischen Herrschaftssystems kritisch gegenüber. Während Mill die Philosophie Comtes und insbesondere dessen Ablehnung der herkömmlichen Religion akzeptierte, lehnte er dessen totalitäre politische Ideen vehement ab.

Beruflicher Werdegang und Veröffentlichungsstrategie

Wie Immanuel Kant (1724–1804) war Mill ein streng universalistischer Denker, der die Menschheit als Ganzes einschließlich der zukünftigen Generationen im Blick hatte. Zugleich war er ein Kind seiner Zeit: Seine Lebenszeit fällt in die viktorianische Ära, in der England einerseits seine imperialistische Politik als führende Industrie- und Kolonialmacht ausbaute, andererseits zum Inbegriff von Bigotterie und moralischer Engherzigkeit wurde. Der ansonsten anglophile Arthur Schopenhauer (1788–1860) ging sogar so weit, dem England seiner Zeit »degradirendesten Köhlerglauben« vorzuwerfen.[2] Beide Zeitumstände haben in Mills Lebens Spuren hinterlassen.

Als Brotberuf diente Mill die Kolonialverwaltung für Indien, bei der ihm sein Vater, der dort als hoher Beamter tätig war, eine auskömmliche Position vermittelt hatte. Sie erlaubte Mill eine ausgiebige Reisetätigkeit, hauptsächlich in den Mittelmeerländern, niemals in dem von ihm verwalteten Indien.

Mill war zu keiner Zeit akademisch tätig und strebte auch keine akademische Karriere an. Er verstand sich von

2 Schopenhauer 1988, S. 16 Anm.

Anfang bis zum Ende seiner Karriere nicht primär als Gelehrter, sondern als öffentlicher Denker und Reformer, dessen oberstes Anliegen es war, durch Schriften, Reden und Briefe zum »Fortschritt der Gesellschaft« beizutragen. Nicht zufällig veröffentlichte er vorwiegend in Medien, die sich den gehobenen Publikumszeitschriften zurechnen lassen. Einige Jahre fungierte er sogar selbst als Herausgeber (und Besitzer) eines Mediums dieser Art, der von Bentham gegründeten und bis 1914 weitergeführten *Westminster Review*, dem politischen Organ der sogenannten *Radicals*. Entsprechend ist sein Schreibstil dem Zeitgeist folgend rhetorisch überhöht, aber gleichzeitig populär und allgemeinverständlich.

Einstellungen gegenüber der Religion

Die in England damals herrschende christliche Bigotterie sorgte dafür, dass für Mill die anglikanische Orthodoxie im Bildungswesen seiner Zeit und der Einfluss der Staatskirche auf die englische Politik ein lebenslanges Ärgernis waren. Er war ein durch und durch säkularer Denker, der seinen Atheismus nur mit großen Anstrengungen vor dem Publikum verborgen halten konnte. Jesus von Nazareth war für ihn ein moralischer Heroe und ein Vorbild für eine humane Moral, vergleichbar dem Vorbild des platonischen Sokrates für eine rationale Philosophie. Doch lag es ihm fern, in ihm eine Verkörperung Gottes zu sehen oder ihm eine Funktion als Erlöser zuzuschreiben.

Seine Glaubensferne stellte eine der Besonderheiten dar, mit denen sich Mill vom Geist seiner Epoche absetzte. In der Autobiographie erklärt er im Zusammenhang mit der Schilderung der väterlichen Erziehung:[3]

> So bin ich denn eines der sehr wenigen Beispiele in England, die den religiösen Glauben nicht etwa abgestreift, sondern gar nie gehabt haben, da ich im Zustande der Verneinung heranwuchs.

Die Religion war entsprechend das einzige Fach, das im Fächerkanon des väterlichen Erziehungsprogramms fehlte. James Mill hatte zwar ursprünglich die theologische Laufbahn eingeschlagen, sie jedoch abgebrochen, als seine moralischen Bedenken gegen die Vorstellung eines Gottes überhandnahmen, der wissentlich eine Unzahl von Menschen, die obendrein seine eigenen Geschöpfe waren, zu schrecklichen Höllenstrafen verurteilte. (Ähnliche Bedenken haben den jungen Charles Darwin – lange vor der Konzeption seiner Theorie der natürlichen Entstehung der Arten – seinem Kindheitsglauben entfremdet.) Die christliche Religion wurde für ihn das warnende Beispiel einer Religion, die alle humanen moralischen Maßstäbe auf den Kopf stellt. Es galt, sie durch permanente Aufklärungsarbeit, wenn auch unter möglichster Schonung derer, denen der Glaube ans Herz gewachsen war, zu überwinden – eine Aufgabe, die nach James Mills Einschätzung gut und gern einige Jahrhunderte in Anspruch nehmen könnte.

Atheistische Indoktrination hatte in dem Erziehungsexperiment, dem er den Sohn unterwarf, allerdings keinen Platz. Wie in allen, so auch in religiösen Dingen sollte dem

3 Mill 2011, S. 36.

selbstständigen Urteil des Zöglings nicht vorgegriffen werden. Aber vom Vater übernahm der Sohn, wie u. a. der vorliegende Text zeigt, die unhinterfragte Selbstverständlichkeit, die Religion primär aus einem ethischen Sichtwinkel zu beurteilen.

Religionskritik spielt in Mills Gesamtwerk insgesamt nur eine Nebenrolle. Die Hauptwerke, die bereits zu seinen Lebzeiten zu Bestsellern und Lehrbüchern wurden, handelten von Logik, Wissenschaftstheorie, Sozialwissenschaften, Volkswirtschaftslehre und Politik. Soweit Mill an der Religion interessiert war, richtete sich sein Interesse zunächst eher auf deren institutionelle Ausprägung als Staatskirche und dominierende moralische Instanz. Seine Kritik zielte weniger auf die Religion als auf eine Kirche, der er Dogmatismus und Fortschrittsfeindlichkeit vorwarf. Bereits als 16-Jähriger schrieb er in Briefen, die 1823 im *London Morning Chronicle* veröffentlicht wurden, es habe kaum einen Fortschritt in den Natur- und Sozialwissenschaften gegeben, dem nicht von der Religion Widerstand entgegengesetzt worden wäre. Ähnliche Thesen vertrat er in dem Essay *The Spirit of the Age* (*Der Geist des Zeitalters*) von 1831, in dem er fordert, dass der kirchliche Klerus durch einen aus Wissenschaftlern und moralisch vorbildlichen Persönlichkeiten gebildeten weltlichen Klerus abgelöst wird. Dieser sollte sicherstellen, dass sich das Urteil der noch nicht zu eigener Urteilsbildung Fähigen statt an religiösen Dogmen an einer weltlichen, die Ergebnisse der Wissenschaften einbeziehenden Moral orientieren könne.

Auf eine Breitenwirkung konnten derartige Appelle nicht hoffen. Dafür war die Verbundenheit mit der Institution Kirche auch bei den längst ungläubig Gewordenen noch immer zu stark. Bezeichnend dafür ist, dass David Humes (1711–1776) religionskritische Schriften in den einhundert Jahren, die zwischen der postumen Veröffentlichung seiner *Dialoge über natürliche Religion* (1779) und Mills *Essays über Religion* (1874) liegen, keine nennenswerte Rolle in der englischen Öffentlichkeit gespielt haben. Während Religionskritiker wie Feuerbach, Strauß oder Haeckel in Deutschland breite Kreise in Gewissensnöte stürzten, vermochten die Schriften von Hume und Mill an dem Gentlemen's Agreement zwischen Religion, Wissenschaft und Gesellschaft nichts Wesentliches zu ändern.

Mills bürgerliche Sozialutopie: Frauenbewegung und Sozial- und Wirtschaftspolitik

Nicht nur in religiösen Dingen war Mill ein Außenseiter. Aus heutiger Sicht mutet es geradezu paradox an, dass Mill einerseits einer der meistgelesenen Publizisten seiner Zeit war, dass seine Schriften aber überwiegend darauf gerichtet waren, die Selbstverständlichkeiten dieser Zeit – wenn auch konstruktiv und in reformerischer Absicht – kritisch ins Visier zu nehmen.

Dieses Unterfangen stieß in seinen eigenen bürgerlichen Kreisen überwiegend auf Befremden. Auf den heftigsten Widerstand traf sein lebenslanger Kampf für die Gleichberechtigung der Geschlechter. Der Essay *The Subjection of Women* (*Die Unterwerfung der Frauen*), geschrieben nach dem Tod seiner Frau Harriet, aber inhaltlich ein Resultat langjähriger gemeinsamer Gespräche, wurde zu einem Grundtext der Frauenbewegung.

Dabei ging es Mill – wie bei allen seinen reformerischen Ideen – niemals nur darum, abstrakte Forderungen zu stellen. Ihm ging es ebenso sehr darum, diese Reformen auch politisch zu verwirklichen, und ein Großteil seines mit Arbeit angefüllten Lebens entfiel weniger auf die Begründung und Ausarbeitung seiner Reformideen als auf ihre mediale Verbreitung und Durchsetzung. So waren der Veröffentlichung der *Unterwerfung der Frauen* eine Reihe von Zeitungsartikeln vorausgegangen, in denen Harriet und er die Richter attackierten, die die angestammten Privilegien der Väter, z. B. beim Sorgerecht für die Kinder, schützten und männliche Gewalt gegen Frauen und Kinder unangemessen mild bestraften. U. a. unter dem Eindruck der Ehe seiner eigenen Eltern bezeichnete Mill das Familiensystem seiner Zeit als »Schule des Despotismus«. In der von ihm entworfenen Utopie eines auf Gleichstellung und wechselseitige Achtung gegründeten ehelichen Zusammenlebens erkennt man unschwer das Abbild seiner gelebten (allerdings auch von seinen engsten Freunden als anstößig empfundenen) Beziehung zu der verheirateten Harriet Taylor, die nach dem Tod ihres Ehemanns seine Ehefrau wurde.

Für die Frauenbewegung setzte er sich auch als Politiker ein. Während seiner Zeit als Abgeordneter im Unterhaus errang er für die Forderung nach Einführung des Frauenwahlrechts zumindest einen Achtungserfolg. Für seinen im Zuge der Wahlrechtsreform von 1867 eingebrachten Gesetzesänderungsvorschlag erreichte er immerhin ein unerwartet hohes Minderheitsvotum. (Ein besitzunabhängiges Frauenwahlrecht wurde in Großbritannien erst 1928 eingeführt.)

Gegen den Zeitgeist wandte sich Mill auch mit seiner

Forderung nach wirtschaftlichem »Nullwachstum«, nach einem *stationary state* der Güterproduktion. Diese Idee verdankte sich u.a. seiner Naturliebe und seinem Enthusiasmus für das Botanisieren und Sammeln seltener Pflanzen. Mill befürchtete nicht ganz zu Unrecht, dass das weitere Wachstum von Bevölkerung und Industrie mit gravierenden Naturzerstörungen einhergehen würde. Doch wurzelte diese für einen Wirtschaftswissenschaftler überraschende Skepsis gegenüber dem Wirtschaftswachstum auch in seiner für einen Geistmenschen und Verehrer der griechischen Philosophie charakteristischen (und psychologisch seitdem vielfach bestätigten) Überzeugung, dass materielle Güter ab einer relativ niedrigen Schwelle zum Lebensglück eines Menschen wenig beitragen und der Fortschritt der Menschheit weniger auf dem Feld von Wissenschaft, Technik und Industrie als auf dem Feld der geistigen Bildung, der Moral und der gesellschaftlichen Umgangsformen zu suchen ist.

Mill war nicht nur Nonkonformist, er hat den Nonkonformismus auch auf theoretischer Ebene verteidigt. Die wohl bekannteste und nachhaltig wirksamste Schrift Mills, *On Liberty* (*Über die Freiheit*), stellt eine systematische Verteidigung eines Individualismus dar, der es dem Einzelnen erlaubt, unangefochten seinen ureigenen Lebensplänen nachzuleben, solange diese nicht in die Rechte anderer eingreifen. Nicht nur der Staat, auch die Gesellschaft habe kein Recht, Konformität mit ihren Vorstellungen von einem guten Leben – mögen diese auch von der überwältigenden Mehrheit geteilt werden – zu erzwingen oder Druck in diese Richtung auszuüben.

Mills Individualismus entsprach darüber hinaus seinem

Persönlichkeitsideal, von dem er hoffte, dass es später einmal von allen Menschen real gelebt werden könnte: dem Ideal eines selbständigen Individuums, das sein Leben autonom führt, Eigenverantwortung wahrnimmt und seine produktiven Potentiale verwirklicht. Demselben Ideal zuliebe hielt er auch in der Wirtschaftspolitik an einem – durch Sozialpolitik abgepufferten – Konkurrenzprinzip fest.

Trotz Mills scharfer Kritik an Konformismus und *political correctness* ist seine Sozialutopie dabei immer eine durch und durch bürgerliche Utopie. Bürgerliche Tugenden wie Sparsamkeit und Vorsorge sind für ihn u. a. Ausdruck einer für eine selbstbestimmte Lebensführung notwendigen Impulskontrolle. Da er die Bedeutung der Sicherheit für das individuelle Lebensglück sehr hoch veranschlagte, verwarf er jede Form eines revolutionären Sozialismus, wie er Karl Marx (1818–1883) – den Mill nicht zur Kenntnis nahm, obwohl er die meiste Zeit in derselben Stadt lebte – vorschwebte. Eine grundlegende Umwälzung der Verhältnisse lehnte er ebenso ab wie den von vielen Frühsozialisten geforderten Kommunismus, u. a. auch deshalb, weil dieser die Macht des Staates potenziere und Eigeninitiative und Innovationsgeist ersticke. Gegenüber Staatssozialismus und Kommunismus schien Mill eine kooperative Form des Sozialismus vorzugswürdig, bei der sich die Arbeiter autonom zu Kooperativen zusammenschlossen und das Kapital in Gemeinbesitz nahmen.

Unklarheiten

Während Mill seine Reformideen durchaus mit Entschiedenheit und – wie etwa in der Frage der Gleichstellung der Frauen – kämpferisch vertrat, zeigt er in vielen Veröffentlichungen, Reden und Briefen eine auffällige Kompromissbereitschaft. Sie hat ihm nicht nur den Ruf eingetragen, viele seiner Positionen im Unbestimmten und Ungefähren zu lassen, sondern hat auch dafür gesorgt, dass die Kontroversen um deren angemessene Deutung unter seinen Kommentatoren bis heute anhalten. Mehrere Faktoren haben dabei zusammengewirkt: persönliche, strategische und sachliche.

Eine Schwierigkeit besteht darin, dass Mill ein Mann von ungewöhnlich tolerantem und versöhnlichem Charakter war. Darüber hinaus hat er sich selbst eine eher schüchterne und wenig selbstbewusste Wesensart zugeschrieben. Seine Lebensgefährtin und spätere Frau Harriet Taylor warf ihm nicht von ungefähr vor, dass er in seinem Briefwechsel mit Comte nicht energisch genug widersprach, als dieser sich in die These verrannte, Frauen seien bereits wegen des geringeren Umfangs ihres Gehirns weniger intelligent als Männer. Hinzu kam die erwähnte enge Bindung an seinen Vater, die es ihm erschwerte, abweichende Positionen selbstbewusst zu vertreten. Der Philosoph und Psychologe William James (1842–1910) ging sogar so weit zu behaupten, Mills übliche Art zu philosophieren »bestehe darin, zunächst eine von seinem Vater entlehnte Theorie kühn zu behaupten und dann im Einzelnen an die Gegner der Theorie so viele Zugeständnisse zu machen, dass von dieser praktisch nichts mehr übrig bleibt«[4].

Ein weiterer Faktor besteht darin, dass Mill als öffentlicher Denker politisch-strategischen Gesichtspunkten große Bedeutung beimaß. Das hat dazu geführt, dass viele seiner Äußerungen anpasslerisch, wenn nicht gar unaufrichtig zu sein scheinen. Um seinen vom Zeitgeist abweichenden Ideen nicht jede Wirksamkeit zu nehmen, versuchte er, seiner Leserschaft so weit wie möglich entgegenzukommen, einerseits, indem er seine radikaleren Überzeugungen unerwähnt ließ, andererseits, indem er wo immer möglich an die üblichen Wertvorstellungen anknüpfte.

So vermied er es etwa in dem Essay *Unterwerfung der Frauen*, seine Vorstellungen zur Geburtenkontrolle und zum Scheidungsrecht zu erwähnen, obwohl sich diese für seine Zwecke angeboten hätten. Tatsache ist jedoch, dass sich Mill durch die Offenbarung seiner diesbezüglichen Meinungen die Chance, dass diese Schrift vom viktorianischen Publikum ernst genommen würde, weitgehend vertan hätte. (Sie wurde außer von erklärten Frauenrechtlerinnen dennoch ganz überwiegend abgelehnt.)

In *Utilitarianism*, seiner vielgelesenen Schrift zur Verteidigung einer über die ursprüngliche Fassung Benthams hinausgehenden, aber damals wie heute überwiegend übel beleumundeten ethischen Theorie gegen ihre zeitgenössischen Gegner, fällt die Nachdrücklichkeit auf, mit der er wiederholt die Vereinbarkeit utilitaristischer Denkweisen mit christlichen Überzeugungen und Motivationen betont.

Die gelegentlich akrobatische Balance, die Mill zwischen

4 James 1890, S. 357.

Sachtreue und Kalkül, Wahrheit und Wirkung zu halten versucht, ist, wie nicht anders zu erwarten, nicht auf ungeteilten Beifall gestoßen. Viele sehen in Mills politisch-strategischem Habitus eine der Hauptquellen seiner Unlust, sich tiefer auf die Sachfragen einzulassen. Andere, wie etwa Friedrich Jodl, haben ihn dafür bewundert: Es sei »eine große Kunst, was Morley von Mill rühmt, [...] daß er verstanden habe, im Dienst neuer und höchst unpopulärer Ansichten so viel Unterstützung und Mitwirkung wie möglich zu gewinnen und so wenig Sympathie wie möglich zu verscherzen«[5].

Zumindest teilweise scheint Mill für die Einnahme von Positionen »zwischen den Stühlen« allerdings auch sachliche Gründe gehabt zu haben. Wie seine zwei Essays über Bentham zeigen, war er in der Ablehnung von Benthams krassem Hedonismus und dessen Entschlossenheit, sämtliche privaten und gesellschaftlichen Regeln, Institutionen und Aktivitäten seinem utilitaristischen Kalkül zu unterwerfen, durchaus entschieden. Mill wollte sich von keiner Schule vereinnahmen lassen und war bereit, zugunsten einer vielschichtigen, nicht auf eine handliche Formel zu bringenden Wahrheit auch engste Gesinnungsgenossen vor den Kopf zu stoßen. Die übermäßige Schärfe, mit der er in seinen Essays über Bentham die philosophischen Schwachpunkte des Begründers der utilitaristischen Ethik und seines persönlichen Mentors bloßstellte, lassen den unbefangenen Leser dabei leicht vergessen, dass sich seine eigenen ethischen und sozialphilosophischen Anschauungen von denen seines Meisters nur in Details unterschei-

5 Jodl 1965, S. 445.

den. Für Mill bedeutete die Distanzierung von Bentham einen ersten Schritt in die Eigenständigkeit, besiegelt durch die Einführung eines Qualitätskriteriums in die utilitaristische Wertlehre – mit dem für einen Utilitaristen befremdlichen Resultat, dass ein unzufriedener Sokrates auf irgendeine Weise glücklicher sei als ein zufriedener Narr. In den Augen der »klassischen« Utilitaristen im Sinne Benthams konnte diese Anpassung an bildungsbürgerliche Ideale nur auf eine Verwässerung der reinen Lehre hinauslaufen. Doch spricht vieles dafür, dass sie Mills authentischer Auffassung entsprach und nicht nur dem Wunsch entstammte, sich die Sympathien seiner Freunde zu bewahren, die Benthams Lehre überwiegend mit Hohn und Spott bedachten.

Die Denkfigur des ›Sowohl als auch‹ ist auch für Mills Schriften zur Religion charakteristisch, wenn auch nicht für alle gleichermaßen. Sie ist für den vorliegenden Essay weniger kennzeichnend als für den späteren Essay *Theismus*: Zwar zeigt sich Mill auch dort unbeugsam in seiner Kritik an der zeitgenössischen christlichen Theologie und der Alleinherrschaft der Kirche über die öffentliche Meinung, nähert sich dem Gottesglauben aber erstaunlich weit an. Nicht nur spreche eine »gewisse Wahrscheinlichkeit« dafür, dass die Welt zumindest teilweise auf das Wirken eines intelligenten Weltgestalters (nicht: eines Weltschöpfers) zurückgehe. Diese Wahrscheinlichkeit sei auch größer als die ihr entgegengesetzte, dass die Welt ohne das Eingreifen eines intelligenten Wesens so wohlgeordnet, wie wir sie vorfinden, geworden sei. Angesichts der moralischen und außermoralischen Unvollkommenheit der Welt, die Mill insbesondere in seinem frühen Essay *Natur* in den schwärzesten Farben gemalt hatte, konnte Mills Gottesvorstellung allerdings nur die eines unvollkommenen und ohnmächtigen Gottes sein – eine Konzeption, die er in *Die Nützlichkeit der Religion* lieber seiner Frau Harriet zuschreibt. Gerade durch diese Unvollkommenheit wird Gott für Mill zum Ideal des sich unermüdlich um die Verbesserung der Lebensverhältnisse bemühenden, die Widerständigkeit der Natur allerdings niemals ganz überwindenden Menschen.

Die Geschichte des Essays

Entstanden ist der vorliegende Aufsatz im Jahr 1854 während der kurzen Zeit der Ehe Mills mit seiner Lebensgefährtin Harriet Taylor (diese starb 1858 auf einer Frankreichreise). Wie viele von Mills Schriften wäre sie wohl nicht entstanden ohne Harriets Drängen, angesichts der begrenzten dem Paar verbleibenden Lebenszeit – beide Partner litten unter Tuberkulose – noch möglichst viele der gemeinsam diskutierten Themen in Essayform zu bearbeiten. In einem Brief an Mill gab Harriet Mill die thematischen Schwerpunkte des Essays vor, die Mill im Folgenden ausarbeitete und dabei Teile ihres Briefs wörtlich in den Text übernahm:

> Wegen der Essays, Lieber, wäre nicht Religion, der Nutzen der Religion, eines der Themen, worüber Du am meisten zu sagen hättest – es müsste die nahezu universale Verbreitung irgendeiner Form von Religion (Aberglauben) durch die Gefühle der Furcht, der Hoffnung

und der Rätselhaftigkeit etc. erklärt werden, und es gälte dabei, alle Religion genannten Lehren und Theorien und Machtmittel umzustürzen, um zu zeigen, dass Religion und Poesie dasselbe Bedürfnis befriedigen, die Sehnsucht nach Höherem, die Tröstung der Leidenden, die Hoffnung auf den Himmel für die Selbstsüchtigen, die Liebe zu Gott für die Weichherzigen und Dankbaren – dass all das ersetzt werden muss durch eine Moral, deren Macht auf dem Mitgefühl und der Menschlichkeit beruht und deren Lohn auf dem Beifall derer, die wir achten. – Siehst Du, was für ein langatmiger Satz, den du zehnmal so gut mit der Hälfte der Wörter formulieren könntest.[6]

Harriet, die politisch ein gutes Stück radikaler gesonnen war als Mill, gab ihrem Brief, wie ersichtlich, u.a. eine »ideologiekritische« Wendung, die eher an Marx und die Überbau-Theorie der Religion denken lässt als den in diesem Punkte vorsichtigeren Mill: Für sie ist Religion primär ein Machtinstrument. Nach ersten Zweifeln, ob er der Aufgabe gerecht werden könne, konnte Mill Harriet dann nach recht kurzer Bearbeitungszeit den Abschluss des Vorhabens melden – nicht ohne in seiner typischen selbstverkleinernden Art zu bemerken, dass sie, Harriet, diese Aufgabe wahrscheinlich vollkommener hätte bewältigen können.[7]

Die *Drei Essays zur Religion*, als die Mills Stieftochter Helen Taylor *Die Nützlichkeit der Religion* zusammen mit dem zuvor geschriebenen Essay *Natur* und dem Essay *Theismus* aus den letzten Lebensjahren Mills postum veröf-

6 Nach Hayek 2012, S. 243.
7 Vgl. Robson 1969, S. CXXVIII.

fentlichte, scheinen in England weitgehend unbeachtet geblieben zu sein.

Größer war das Interesse im Ausland. Bereits 1875, ein Jahr nach ihrer Veröffentlichung, erschienen Übersetzungen in deutscher, französischer und niederländischer Sprache. Eine schwedische Übersetzung kam 1883 hinzu.

Wie die bereits 1859 erschienene deutsche Übersetzung des Essays *Die Unterwerfung der Frauen* von Jenny Hirsch (1829–1902) hatte allerdings keiner der *Drei Essays zur Religion* das Glück, in die bereits zu Lebzeiten Mills begonnene und von Theodor Gomperz (1832–1912) betreute Ausgabe von Mills *Gesammelten Werken* aufgenommen zu werden. Offenbar passten sie zu wenig zu dem Bild, dass sich die deutsche wissenschaftliche Öffentlichkeit von dem viktorianischen Denker machte.

Der Essay und seine Stellung im Gesamtwerk

Einige der Thesen des Essays und deren Vorwegnahme in früheren Essays sind für Interpreten nach wie vor eine »harte Nuss«. Meinte Mill, was er sagte – oder handelt es sich um einen (weiteren) Akt der Anbiederung an das Publikum? Zwei Beispiele: Im *System of Logic* (*System der Logik*)[8] postuliert Mill, dass dann, wenn es einen Gott geben sollte, dieser die Welt nach allgemeinen Gesetzen regieren müsse. Doch will er gleichzeitig (in einem Nebensatz) nicht ausschließen, dass »in seltenen Fällen« Gott den Gang der Dinge durch besondere übergesetzmäßige Einwirkun-

8 In der Fußnote zu Buch 6, Kap. 10, § 8.

gen bestimmt. In *Die Nützlichkeit der Religion* vertritt er die These, dass die Hoffnung auf ein Weiterleben nach dem Tode zwar durch nichts bewiesen ist, ihr »aber auch nichts in unserem Wissen oder unserer Erfahrung widerspricht« – so, als stünden ihrer realen Möglichkeit nicht die naturgesetzlichen Abhängigkeiten zwischen Psychischem und Physischem entgegen. Waren diese Zugeständnisse der Preis dafür, dass Mills *Logik* in der von der anglikanischen Orthodoxie beherrschten Universität Oxford (und damit auch in vielen anderen englischen Universitäten) als Lehrbuch zugelassen werden konnte?

Dass auch gerade in Sachen Religion Mill strategische Überlegungen nicht fernlagen, zeigt sich in seinen Briefen. In einem Brief an Comte von 8. Juni 1845 begrüßt Mill den antireligiösen Geist Comtes und gibt der Hoffnung Ausdruck, dass die Zeit nicht mehr fern sei, in der die Menschheit den letzten Rest religiösen Denkens abgeschüttelt habe. Zugleich warnt er Comte davor, das offen auszusprechen. Zumindest in England sei dies seiner Meinung nach wenig opportun. Auch seine Kandidatur um den Sitz im Parlament in den 1860er Jahren stellte Mill unter die Bedingung, dass seine Ansichten zur Religion unerwähnt blieben. Kurz: Mills Strategie, jede öffentliche Kritik an den tradierten religiösen Anschauungen zu vermeiden, scheint er so konsequent durchgehalten zu haben, dass die meisten Zeitgenossen erst durch die postume Veröffentlichung der *Drei Essays* darüber ins Licht gesetzt wurden, wie weit sich der Vordenker des viktorianischen Zeitalters der Religion entfremdet hatte.[9]

9 Vgl. hierzu Robertson 1929, S. 218, und die Kommentare in Sell 1997.

In *Die Nützlichkeit der Religion* finden sich solche für Mill charakteristischen Ambivalenzen allerdings nur vereinzelt. Die Argumentationslinie, der Mills Essay folgt, verläuft geradliniger als in anderen Schriften und macht an seine theologischen und philosophischen Gegner weniger Zugeständnisse. Die These, dass die individuelle und soziale Moral, um die zu ihrer gesellschaftlichen Wirksamkeit erforderliche Stabilität zu erlangen, keiner religiösen Fundierung und Motivierung bedarf, wird konsequent entwickelt und begründet.

Dabei konnte Mill zum Teil auf frühere Überlegungen zurückgreifen. Die These, dass die christliche Religion zur Sanktionierung der Moral nicht notwendig sei, vertrat er bereits als 16-Jähriger in den erwähnten Briefen an den *London Morning Chronicle*: Es seien keineswegs religiöse Rücksichten, die Zeugen vor Gericht davon abhielten, die Unwahrheit zu sagen, sondern so naheliegende und weltliche Motive wie die Furcht vor Bestrafung und die Angst vor Beschämung durch die öffentliche Meinung.

Der Hintergrund dafür ist, dass Mill ebenso wie andere Utilitaristen vom Vorrang der »sozialen Sanktionen«, wie sie Bentham genannt hatte, vor den »religiösen Sanktionen« überzeugt war: Als Verhaltensregulierung ist das Urteil des sozialen Umfelds wichtiger als etwaige religiöse Gebote oder Verbote. Mill hatte diese Auffassung bereits in früher Jugend kennen gelernt, als ihn der Vater die später unter dem Namen Philip Beauchamp veröffentlichte Abhandlung *Analysis of the Influence of Natural Religion on the Temporal Happiness of Mankind* (*Untersuchung des Ein-*

flusses der natürlichen Religion auf das irdische Glück der Menschheit) zu lesen gab, ein Manuskript Benthams in der Überarbeitung durch den Althistoriker George Grote (1794–1871), einen der Gefolgsleute Benthams und ein Freund James Mills. Darin wird die verbreitete Auffassung, eine Moral lasse sich ohne den Glauben an übernatürliche Sanktionen, insbesondere an eine jenseitige Belohnung und Bestrafung, nicht aufrechterhalten, gründlich in Frage gestellt. Von diesem Ansatz war Mill auf Anhieb überzeugt.

Der Absicht Mills, die Religion als System von Glaubenslehren zu überwinden, ohne auf das motivierende und sinnstiftende Potential der religiösen Impulse zu verzichten, musste vor allem Auguste Comtes Entwurf einer »Religion der Menschheit« in mehrfacher Weise entgegenkommen: Diese Religion war so konzipiert, dass sie dafür geeignet sein würde, die sozialen und politischen Funktionen des überlieferten Christentums zu übernehmen, ohne sich mit den theologischen und ethischen Widersprüchen der christlichen Dogmatik zu belasten. Vier Punkte sind dabei besonders wichtig:

1. Sie verzichtete, indem sie die theistische Vorstellung eines persönlichen Gotts durch die Menschheit als ganze ersetzte, auf alle problematischen metaphysischen Annahmen. Insofern war sie mit einer streng empiristischen Erkenntnistheorie, wie sie Mill vertrat, verträglich.

2. Sie war von einem hinreichend abstrakten, den jeweiligen konkreten Lebenszusammenhang übersteigenden Charakter, um vergleichbar starke Gefühle auf sich zu ziehen wie etwa die christlichen Ewigkeitsvorstellungen.

3. Sie setzte, anders als das populäre Christentum, dem Individuum ein im eigentlichen Sinne moralisches Ziel, in-

dem sie nicht an die Aussicht auf das eigene Seelenheil, sondern an ein altruistisches Motiv, den Dienst an der Zukunft der Menschheit, appellierte.

4. Und schließlich war diese Religion dazu ausersehen, eine öffentliche wirksame Macht zu werden und diejenigen geistigen Führungsfunktionen wahrzunehmen, die das Christentum in Mills Sicht zunehmend eingebüßt hatte. Mill war zwar weit davon entfernt, Comtes Vorliebe für Riten, Sakramente und andere religiöse Institutionen zu teilen. Doch war seine Furcht vor moralischer Anarchie dennoch hinreichend stark, um in einer Menschheitsreligion eine Macht zu sehen, die die vom Christentum unausgefüllte Autoritätslücke schließen könnte – zumindest solange es der Mehrheit der Menschheit an Bildung, Charakterstärke und Konsequenz fehlte, um selbständig ihren Weg zu finden.

Dass Mill auf die Religion der Menschheit als bewusstseinsprägende öffentliche Instanz nicht verzichten zu können meint, bringt ihn allerdings in eine sozialphilosophisch missliche Situation. Die Übermächtigkeit der öffentlichen Meinung, die er nicht nur, wie in diesem Essay, in Zusammenhang mit der Religion, sondern – wie im Essay über Freiheit – *als solche* beklagt, da sie das Individuum in seinen Entfaltungsmöglichkeiten einengt, wird ihm da, wo es um seine eigenen Vorstellungen von der erforderlichen Erneuerung der moralischen Einstellungen geht, zu einem unersetzlichen Mittel ihrer praktischen Durchsetzung. Die Vorbehalte gegen die dominante Rolle der öffentlichen Meinung, gegen die er das nonkonformistische Individuum in Schutz nehmen will, sollen immer dann, wenn es um Moral geht, nicht gelten.

Für Comte wie für Mill ist die Religion dazu verurteilt, mit dem Fortschritt des Wissens und des Vordringens wissenschaftlicher Rationalität ihre Glaubwürdigkeit einzubüßen und nach und nach durch ein rein säkulares Denken ersetzt zu werden. Anders als bei Comte liegt bei Mill der Schwerpunkt der Religionskritik allerdings nicht auf metaphysischen und erkenntnistheoretischen, sondern auf ethischen und metaethischen Erwägungen:

In ethischer Hinsicht hat sich die Religion in ihren Haupterscheinungsformen für Mill durch ihre nahezu durchweg konservative gesellschaftliche Tendenz disqualifiziert, vor allem durch die kritiklose Hinnahme zahlloser gesellschaftlicher Übel und ihren Widerstand gegen Reformen.

In metaethischer Hinsicht ist die Religion, soweit sie den Glauben an einen persönlichen Gott beinhaltet, unablösbar von der Anerkennung von Autoritäten und der Befolgung moralischer Dogmen.

Für Mill ist Moral dagegen Sache eines offenen normativen Diskurses. Sie baut auf den natürlichen Affekten des Mitgefühls auf, doch kann ihre konkrete Richtigkeit nicht verordnet oder aus Autoritäten entnommen werden. Sie muss ständig erneut der Prüfung und Diskussion unterworfen werden, schon allein aus dem Grund, um sich dem fortschreitenden Stand des Wissens und Verständnisses der Welt und dem Wandel der gesellschaftlichen Verhältnisse anzupassen.

Der Standpunkt, aus dem Mill den Gottesglauben beurteilt, ist durchweg der Standpunkt der Moral. Unweigerlich bedingt das eine gewisse Einseitigkeit. Die Religion wird nicht nach Kriterien beurteilt, die sie selbst vorgibt, sondern aus einer externen Perspektive. Biographisch erklärt sich das u.a. durch Mills areligiöse Erziehung und die Tatsache, dass ihm ein genuin religiöses Erleben zeitlebens fremd geblieben ist. »Spirituelle« Erlebnisse kannte er lediglich in Gestalt einer Begegnung mit Dichtung und Musik, d.h. mit Kulturphänomenen, die anders als die Religion gemeinhin keinen Anspruch auf Wahrheit erheben. Außerdem geht Mill von Voraussetzungen aus, von denen er annimmt, dass sie seine Leser überwiegend teilen, die aber nicht jeder Theologe und jeder Gläubige akzeptieren würde, etwa dass es religionsunabhängige moralische Maßstäbe gibt und dass es legitim ist, die Religion derart unabhängigen moralischen Maßstäben zu unterwerfen.

Es ist umstritten, wie weit diese Einseitigkeit den Wert von Mills Religionsphilosophie mindert. Gelegentlich wird die Auffassung vertreten, dass das, »was Mill über Religion zu sagen hat, in vielen Hinsichten ebenso wertvoll ist wie das, was ein Gehörloser über Musik zu sagen hat«.[10] Und selbstverständlich fragt sich, ob Mill, indem er das spezifisch Rationalitätswidrige an der Religion, das »Numinose«,[11] wie dies der Religionswissenschaftler und Theologe

10 Vgl. Woods 1961, S. 183.
11 Otto 1926, bes. S. 5–30.

Rudolf Otto (1869–1937) in seinem Hauptwerk *Das Heilige* nennt, vernachlässigt, es sich nicht zu einfach macht und die Chancen einer Ablösung des herkömmlichen Gottesglaubens durch Comtes »Religion der Menschheit« überschätzt. Gerade in dem, was sich in der Religion der Rationalisierung entzieht, könnte ein wesentlicher Teil ihrer moralischen Wirksamkeit und damit ein auch für den Utilitaristen entscheidender Vorzug liegen.[12]

Dem ließe sich entgegenhalten, dass Mill sehr wohl einer Reihe von Funktionen Tribut zollt, die beim Gottesglauben über die Fundierung der Moral und die Motivation zu ihrer Befolgung hinausgehen.

Dazu gehören auf der kognitiven Seite die Bestimmung des Ursprungs und Ziels des Universums und die Chance, das Ganze des Universums als Ergebnis eines schöpferischen Willens zu sehen und ihm damit einen Sinn zu verleihen, den ein wissenschaftliches Weltbild nicht zu gewähren vermag.

Wesentlicher noch sind die emotionalen Funktionen der Religion: Religiöse Gegenstände sind die Gegenstände vieler Arten intensiver und hochfliegender Gefühle. Insbesondere sprechen sie das menschliche Bedürfnis nach Unendlichkeit und nach Anerkennung einer letzten Unerforschlichkeit der Welt an. In Situationen der Angst, der Verlassenheit und der Schuld bietet die Religion eine Chance, sich des Schutzes und Beistands einer höheren Macht zu vergewissern und im Bewusstsein göttlicher Zuwendung Einsamkeit zu überwinden und verlorene Selbstachtung wiederzugewinnen. Als Glied einer religiösen Gemein-

12 Vgl. u. a. Ryan 1974, S. 239.

schaft ermöglicht sie dem Einzelnen, sich einer Gemeinschaft zugehörig zu fühlen.

Ein Teil vieler Religionen besteht darüber hinaus darin, die Hoffnung auf ein Weiterleben nach dem Tode und auf überirdische Gerechtigkeit aufrechtzuerhalten.

Alle diese »Leistungen« der Religion werden von Mill in der einen oder anderen Weise gewürdigt. Bezeichnenderweise unterlässt es Mill allerdings, zwei weitere Funktionen zu erwähnen, die Religionen häufig übernehmen – offensichtlich, weil sie zu wenig seinem Persönlichkeitsideal entsprechen, um sie der Würdigung für würdig zu halten: die Entlastung von Rationalität durch (Selbst-)Infantilisierung und den Gewinn von Handlungsfähigkeit und Verhaltenssicherheit durch Vertrauen auf eine unhinterfragte Autorität.

Was leistet eine »Religion der Menschheit«?

Auf diesem Hintergrund stellen sich für die Menschheitsreligion, die nach Mill die Nachfolge des Gottesglaubens antreten sollte, zwei eng miteinander zusammenhängende Fragen:

1. Welche dieser Funktionen vermag eine Menschheitsreligion, die auf alles Übernatürliche verzichtet, zu erfüllen?

2. Reichen ihre Leistungen aus, um von ihr als einer Religion im eigentlichen Sinn sprechen zu können?

Der ersten Frage geht Mill sowohl im vorliegenden Essay als auch in seinem Buch zu Auguste Comte (Mill 1968) systematisch nach:

Für ihn ist unbezweifelbar, dass eine Menschheitsreligion ohne Götter und Offenbarung wesentliche Bedürfnisse, die gegenwärtig durch die Religionen erfüllt werden, nicht nur erfüllen, sondern besser und vollständiger erfüllen kann: Die metaphysische Transzendenz der höheren Welt hat ihren Gegenpart in der zeitlichen Jenseitigkeit bzw. Transzendenz der zukünftigen Menschheit; diese ist nicht weniger unendlich, grenzenlos und unerforschlich als der Gott des herkömmlichen Theismus; das endliche Leben des Individuums erhält seinen Sinn als Glied einer sich ins Unendliche verlierenden Kette der Generationen und seinen wie immer geringfügigen Beitrag zu deren Fortsetzung und zukünftiger Gestalt; die Rolle der religiös definierten Gemeinde übernimmt die Gemeinschaft der moralisch Hochgesinnten, mit denen sich der Einzelne in seinem Engagement für den gesellschaftlichen Fortschritt einig weiß.

Der wesentliche Vorzug einer rein immanenten gegenüber einer transzendenten Religion scheint für Mill allerdings letztlich darin zu bestehen, dass das vergöttlichte Comte'sche Große Wesen bzw. »Grand-Être« kein Gegenstand hypothetischer Spekulation, sondern ein durch die Sinneserfahrung konkret zugänglicher Prozess ist. Der Gegenstand der Verehrung und die Quelle erhabener Gefühle ist nicht mehr nur gedacht, sondern zumindest teilweise handgreiflich real.[13] Der Glaube an die Menschheit ist mit den Ergebnissen der Wissenschaften (sowie mit der Logik) vollständig im Einklang und kommt im Gegensatz zur christlichen Lehre ohne einen Denkverzicht, ein *sacrificium intellectus*, aus.

Darüber hinaus erscheint ein Dienst an der Menschheit

13 Vgl. Mill 1968, S. 95.

sinnvoller als der Dienst an einem göttlichen Wesen, das bereits vollkommen ist und des Menschen nicht ernstlich bedarf.[14]

Und schließlich ist der Glaube an die Zukunft der Menschheit schon insofern moralisch von höherer Qualität als der herkömmliche Gottesglaube, als er uneigennützig ist und mit keiner egoistischen Hoffnung auf Gegenleistung einhergeht.

Der Theist könnte einwenden, dass die in Zeit und Raum grenzenlos ausgedehnt gedachte Menschheit zwar zum Gegenstand erhabener Gefühle und praktisch-politischen Engagements werden kann, aber nicht zum Gegenstand von Verehrung und Anbetung. Die Menschheit ist eben gerade das nicht, was der Ausdruck Comtes »Grand-Être« nahe legt. Es ist keine Überperson, die angerufen werden kann wie Gott, Jesus, Heilige und Bodhisattvas.

Außerdem fällt es einer Menschheitsreligion weniger leicht, das menschliche Bedürfnis nach dem zu befriedigen, was herkömmlich in den Religionen als das von den jeweiligen Heilsbringern erhoffte »Heil« gilt, nämlich das Bedürfnis nach Beistand in der Not, nach Trost im Leiden und nach Vergebung von Schuld. Mill liegt es fern, diese Leistungen einer herkömmlichen Religion in Frage zu stellen. Er ist allerdings zu sehr Rationalist, um sich von einem lediglich gedachten und angesichts des Übels in der Welt sogar unmöglichen Gott Trost, Vergebung und Beistand zu erhoffen. Von dem einzigen Gott, den Mill für denkbar hält, also von einem nicht allmächtigen, sondern weitgehend ohnmächtigen Gott, einem Gott, der als Partner des

14 Vgl. ebd.

Menschen an der Verbesserung der Welt mitwirkt, ist eine hilfreiche Einwirkung auf den Weltlauf auf jeden Fall nicht zu erwarten.

Was ist eine Religion? Und aus welchen Komponenten besteht sie?

Die zweite Frage, ob oder inwieweit eine Menschheitsreligion ernsthaft als Religion gelten kann, entzieht sich einer einfachen Antwort. Es scheint unmöglich, den Begriff der Religion durch eine Definition zu fassen, die ihr Wesentliches auf eine knappe Formel bringt. Am bekanntesten geworden ist William James' Definitionsversuch in seiner Vorlesungsreihe *The Varieties of Religious Experience* (*Die Vielfalt religiöser Erfahrung*, James 1979). Dieser Versuch ist, wie James selbst anerkennen musste, zum Scheitern verurteilt. Es scheinen sich keine Merkmale angeben zu lassen, die für alle Formen von Religion notwendig und zugleich hinreichend sind. Erklären lässt sich das, was Religion ausmacht, nur als Vielfalt wechselnder Kombinationen von Merkmalen, wobei den Merkmalen in den Kombinationen, in denen sie auftreten, jeweils unterschiedliches Gewicht zukommt. Kurz: Die »Vielfalt der Erscheinungsformen« der Religion, die James in seinem Buch herausstellt, lässt sich nicht auf einen einfachen Nenner bringen. (Ludwig Wittgenstein, 1889–1951, nannte, inspiriert von James, solche Merkmalgruppen »Familienähnlichkeiten«.)

Vielfältig stellt sich die Religion bereits aufgrund der drei Hauptkomponenten dar, die typische Formen von Religion aufweisen: die kognitive, die affektive und die praktische. »Typisch« meint dabei: Dass eine Form untypisch ist und die eine oder andere Komponente fehlt, bedeutet nicht, dass wir nicht auch von ihr korrekterweise als von einer »Religion« sprechen können:

So fehlt etwa bei bestimmten Formen des Buddhismus die kognitive Komponente fast vollständig. Bei anderen, wie bei vielen modernen Formen hochgradig individualisierter Spiritualität, sucht man vergeblich nach einer praktischen Komponente.

Die kognitive Seite der Religion umfasst alles das, was die Religion als Überzeugungssystem kennzeichnet, also Glaubenssätze, Dogmen oder Weltbilder.

Charakteristisch für Religionen im Gegensatz zu metaphysischen Überzeugungen ist, dass religiöse Weltbilder erheblich stärker affektiv aufgeladen sind. Religiöses Glauben ist nicht nur Für-wahr-Halten bestimmter Aussagen, sondern vor allem ein von starken Affekten getragenes Vertrauen in diese Wahrheiten. Andernfalls würde dieser Glaube nicht diejenigen Gefühle von Geborgenheit erzeugen können, die er bei religiösen Menschen bewirkt.

Die dritte, praktische Komponente umfasst die Gesamtheit der mit religiösen Überzeugungen und Affekten zusammengehenden Verhaltensweisen und Institutionen, also religiöse Riten, das Gemeindeleben, Organisationen wie Kirchen, aber auch die spezifisch religiösen Sprachformen wie Gebet, Segnung und Lobgesang und nicht zuletzt die religiöse bzw. religiös begründete Moral.

Vielfältig sind auch die jeweiligen Gewichtungen der einzelnen Komponenten in konkreten Religionen. So spielt die religiös begründete Moral in den Hauptformen des Judaismus eine bedeutendere Rolle als im protestantischen Christentum, Riten spielen in der Religion des antiken Griechenlands eine bedeutendere Rolle als im Pietismus, während es sich bei der Bedeutung der Gefühle genau andersherum verhält.

Auf der Ebene der jeweiligen Ausprägungen der Komponenten zeigt sich erneut eine »Familienähnlichkeiten-Struktur«: Bestimmte Ausprägungen sind typisch, aber nicht universal gültig. So beziehen sich die kognitiven Inhalte der Religion typischer-, jedoch nicht notwendigerweise auf übernatürliche Wesen, die in das Weltgeschehen eingreifen und mit dem Menschen kommunizieren; der typische Grundaffekt ist die Liebe zu oder die Ehrfurcht gegenüber den jeweiligen übernatürlichen Wesen; die typische Grundform der religiösen Praxis ist die Befolgung von durch Autoritäten vorgegebenen Regeln und Traditionen, in der Moral das vertrauensvolle Sich-führen-Lassen von heteronomen, nicht vollständig rational einsehbaren Weisungen.

Welches Gewicht kommt diesen einzelnen Komponenten zu?

Mill hat die Kriterien, nach denen er diese Frage beantwortet sehen möchte, ausdrücklich benannt:

1. Eine religiöse Glaubensüberzeugung muss das menschliche Dasein beherrschen und das Handeln anleiten können.[15]

15 Vgl. ebd.

2. Sie muss etwas zum Gegenstand haben, das starke Gefühle von Liebe und Gehorsam hervorzurufen vermag.[16]

3. Und schließlich muss ihr Gegenstand, wie Mill in *Die Nützlichkeit der Religion* formuliert, das höchste Ziel menschlichen Strebens verkörpern. Dagegen sei eine etwaige Hoffnung auf eine Gegenleistung, etwa in Gestalt ewigen Lebens, für den religiösen Charakter einer Glaubensüberzeugung nicht notwendig.[17]

Auf dem Hintergrund dieser Kriterien gesehen erscheint es Mill vollauf gerechtfertigt, bei Comtes »religion de l'humanité« von einer Religion zu sprechen.

Diese Antwort wird viele nicht zufrieden stellen. Sie werden einwenden, dass Mills Kriterienkatalog von vornherein eine bestimmte Schlagseite hat und vor allem all das auslässt, was das spezifisch »Numinose«, das Magisch-Mysteriöse des Kontakts mit den Gegenständen der Verehrung in der religiösen Erfahrung ausmacht.

Dem ist entgegenzuhalten, dass auch dann, wenn man dieses Kriterium zusätzlich gelten lässt, es zweifellos erfüllbar ist: Die Gesamtheit der Generationen ist nicht vollständig überblickbar und vermag als solche durchaus Schauer der Unendlichkeit einzuflößen. Sie ist in ihrem ferneren Verlauf unserem Einblick ebenso entzogen wie ein völlig verborgener Gott, ein *Deus absconditus*. Wie ein Gläubiger von seinem Gott niemals vollständig enttäuscht werden kann, kann auch niemand, der seine Hoffnungen auf die fernere Zukunft setzt, von dieser vollständig enttäuscht werden. Keine Gegenwart kann die Hoffnung auf

16 Vgl. ebd., S. 96.
17 Vgl. ebd.

eine bessere Zukunft letztlich widerlegen. Ergänzend könnte man anführen, dass auch der Deismus, die rationale Form des Theismus der Aufklärungsphilosophie, gemeinhin als Religion gilt, auch wenn in ihm das »Numinose« nicht vorkommt.

Die Frage, ob die Menschheitsreligion als eine »echte« Religion (und nicht nur als ein Religionsersatz) gelten kann, muss an dieser Stelle offen bleiben. Die Antwort hängt letztlich davon ab, welche der vielen möglichen Kombinationen von Merkmalen man zulassen möchte und welches Gewicht man den einzelnen Komponenten einräumt.